仲辉——著

哲学指津

**THE WAY
TO PHILOSOPHY**

社会科学文献出版社
SOCIAL SCIENCES ACADEMIC PRESS (CHINA)

认识真和美是我的思想所追求的目标，虽然不很明确，我却念念不忘。

—— 马塞尔·普鲁斯特
《追忆似水年华》

序

陈春文

引人入哲学的门是艰难的，古今中外概莫能外。因为哲学本身就是艰难的。不仅在什么是哲学的问题上莫衷一是，而且哲学在缘起属性上就是晦暗不明的。笛卡尔说人类文明是一棵大树，而哲学是这棵大树的根。树根是看不见的，是深深地向下扎的，但它又负载着整棵大树，滋养着整棵的文明之树，它无以赋形，但又无处不在。若对人类文明的深度和广度没有透澈的概念，是很难入哲学的门的。

十七八岁的青年，在心智上还是待展开的青涩状态，怎样让他们在专业的意义上进入哲学，这更是艰巨的挑战，甚至可以说是几乎难以完成的任务。这就是近代以来有人质疑哲学作为本科专业的缘故。是不是先掌握一门具体的科学再学哲学更好？是不是有了较多的人生阅历再学哲学更得心应手？是不是在有了足够的思考、反思的沉淀之后，更易于把握哲学的沉思品格？

在大学的学院派体制中，一个大一的学生，既不可能对整个人类文明一览无余，也不可能经过千锤百炼而觉悟到哲学的沉思品格，若想初得哲学之门而入，需要老师把追问性带进课堂，通过追问让思想在课堂上现场发生，让学生现场参与思想的创造，让学生切身感觉到，一个问题在什么意义上成为一个问题或构成了一个问题，或推动一个问题成为另一个问题的基础，或一个问题在进一步的追问中变成另一个更基本问题的要素，或在追问中使问题更具有追问性。在不断追问的敞开性中，学生们不知不觉就理出了文明之树的纹络，不知不觉就解除掉各种傲慢与偏见，会发现，科学是人性展开的一个向度，文学也是人性展开的一个向度，哲学更是人性展开的勘界性向度。如此，笛卡尔所说的人类文明是棵大树就具象地展开了，哲学是这棵大树的根也就一同呈现了。

但这种内涵的追问法要比外延的分列法艰难得多。外延的分列法可以分为诸多板块，如形而上学、知识论、伦理学、美学等，每个板块分解为几讲，这样看上去既成体系又条分缕析，非常容易讲，也非常容易学，却不容易真正发生思想的事情。仲辉没有走容易走的路，他选择走艰难的路，在教与学的共同体中让思想蹒跚学步的路。

他把哲学教学的起步放在人之为人的成形轨迹上，凡向人所成的所有领域的奠基性人物和路标性著作，都被他消化为哲学的人文性养成，从中吐露哲学的真谛：爱、智慧、美。如果用外延法讲解什么是爱、什么是智慧、什么是美的话，不仅容易，而且没有任何思想的冒险，但这样学下来，学生可能什么都知道，又什么都没有思想到。一个好的哲学老师要有能力把差异化为纷繁的空间问题和时间问题，还原回哲学的身世，回归到哲学的源头，即把智慧实现出来的爱。只有这样，人才能乐于成为思想的通过者，人才能成为哲学意义上的人，人才能解构自己的主体地位，才有资格谈论对智慧的爱，才能笃定地说走上了哲学的路。我相信，这一点仲辉做到了。听过他课的人，读过这本书的读者，会印证这一点。仲辉不仅试图让智慧实现出来的爱得以呈现，而且也尝试分享从神性到人性的让予之美，哲学在智慧缘起上的源头之美，语言言说的分延之美，他想把哲学的种种美分享给学生，传递给年轻人。美是难的，但这样做是好的。

　　一个人在真正的哲学中浸润久了，不知不觉就变成了教育家。了解仲辉的人都知道，他的哲学之学是纯粹的，他的哲学之教也是纯粹的。但这并不妨碍他观察哲学的人文主义衍生，"对过去葆有幸福，对当下持守严谨，对未来开创自由，愿意面向文明、文化之融合，富有同理心、同情心、想象力，行动有条不紊、井然有序，永远怀抱着理想"，既听到了哲学的希腊性的远古之声，也嗅到了东方的古典气息，更不乏当代文明的气度。听这样的人讲哲学，学生是有福的。

　　如果说本书有什么缺憾的话，那就是在强化了哲学的人文性的同时，弱化了哲学的物性、物理性。不推开哲学希腊性的物理之门，就很容易使哲学陷入人类中心主义的泥沼，失去思想的纵深，并被人类学的视野所平移；① 不推开哲学希腊性的物理之门，就无法真正理解西方是怎样一步步从生成性世界图景转向生产性（人造）世界图景的；就无法深刻洞察四百年来的近代世界是怎样不可逆地走上技术摆置之路的，怎样指向行星流浪的。哲学要捍卫自己的思想尊严，就必须保持自己的洞察力和预见性。当代的人工智能、脑机接口、意识上传、ChatGPT、火星移民计划等欲重新设定人类的东西，并不是突然从天上掉下来的，而是从物性到物理性再到物质重构（人把自己也作为一类物质进行重构）逐步演化而来的。哲学家们要走在这些根本性变化的前面，为这些可能的变化画下路标，摸索技术摆置的语言。

生命是时间绽放的花朵。二十多年，时间创造了什么？时间又回收了什么？仲辉 2000 年考入兰州大学哲学系本科专业，2004 年又随我读哲学硕士，当时确定时间性本科毕业论文题目的场景，至今仍历历在目。在庆节兄那里博士毕业后又回到母校母系任教，他接过了我的"哲学导论"的教学，现在已是一名很成熟的学者和很有气度的教育者。那些年里，在每年一度毕业季的毕业典礼上，都有本科生和研究生发自内心地表达对仲辉老师的感激，既感激从他

---

① 此处陈春文先生删去原稿两句话："这应是正在成长中的哲学人的美中不足吧？更应是作者后续潜力的巨大空间吧？"陈先生期望本书作者从事教育之余仍向纯粹之学用功。近两年作者也确在物性问题上努力做一些工作，但成熟尚需时间。——作者注

那里学到了东西，也感激他对同学们的温暖。作为老师，夫复何求？作为学生，夫复何求？

祝福哲学人吧！既祝福教哲学的人，也祝福学哲学的人，更祝福让教和学成为教育共同体的人。

谨为序。

2024 年 5 月 26 日于兰州

目 录

CONTENTS

开讲辞

一

本书源于大学讲堂十余年的实践，系笔者讲授"哲学导论"（Introduction to Philosophy）课程的经验，之所以名之为"哲学指津"（The Way to Philosophy），非我能为哲学指津，而意在哲学为我等师生指点迷津；同时也为了与一般课程性的流行讲述相区别，而注重彰显哲学之人文内涵，犹如我国大学建制初期，讲授哲学之教育所，并未叫作"哲学系"而名为"哲学门"，将教育的主旨看作向"人"的敞开，向一处得以进入的门径敞开之路途（the way）。

教授哲学导论性质的课一般可以有两种方法，其一是以哲学史为纲，讲知识的前后演变，其二是以哲学问题为主，启发学生思考。从多年教学体会看来，两种方法都未必得当，最大的缺点就是未必能与青年人的生命经验很好地融合。哲学史仍是现阶段科系化研究哲学的主要材料背景，进入哲学系的学生有充足的时间去一点一点地钻研规模庞大的学科史知识，而"哲学导论"是为一年级刚进入大学的专业学生开设的，并无特别必要在他们刚开始接触哲学的时候就以深入哲学史的办法诱掖进取，不然，则会像孔子所言"学而不思则罔"，茫茫然步入迷宫；而况经过历代学者努力，上迄黑格尔，哲学史的研究性教材不啻汗牛充栋，当今青年可自行选择符合他们脾性的书籍阅读，其中知识性的内容未必不容易依靠他们自己而被吸收化解。若以哲学问题肇端，引领青年学习批判性思维，关注诸如真值的演绎、实体的本性、唯名与唯实之争、自由意志与决定论、上帝存在之证明、美德伦理学、功利主义与义务论、正义论、大众文化美学、女性主义等，则又有可能陷落在"思而不学则殆"的窘境中，因为这些问题都太过宏大，而对大问题感觉无所适从的青年——他们或许会占多数——便会认为这些都属于"哲学"要处理的事情，而自己参与思辨活动的机会近乎渺茫。其实，即使这第二种讲授方法也要依托哲学史所生成的概念史，而很少能将各种概念的内涵化解成青年人生命追求的理想要素，它们似乎只能作为观念印在学生的脑海，而不会作为自我寻求的理念性契机打动他们的心灵。

我相信存在第三条路径，带青年人走上通往哲学之门的求真历程，这条路径就是依据解析阐释哲学之为"爱-智慧"（Philo-sophia）、爱智之学的内涵，让他们能够明白智慧是什么，爱是什么，从而激发自身内在的理想性及求学意志的潜能，对智慧产生真正的爱。故而本书依照历年来讲台上的授课经验，分作三讲，第一讲希望按照哲学之名营造一个教师与学生的共同体，这个共同体即是以读书活动为轴心展开的一个人文主义者的阵营；而后两讲通过我对哲学史、哲学问题的消化，循着经典哲学家处理问题的论证方法，较为言简意赅地交代哲学之智慧的属性与哲学之爱的属性，以期待学习者的心灵共鸣。

哲学教育的关键在引导，而非灌输，而这个"导"也实非"导论"的"导"，而是像引路人那样"导引"的"导"。我国最早也是世界上最早系统地论述教育问题的经典文献《学记》中言：

> 今之教者，呻其佔毕，多其讯言，及于数进，而不顾其安，使人不由其诚，教人不尽其材。其施之也悖，其求之也佛。夫然，故隐其学而疾其师，苦其难而不知其益也。虽终其业，其去之必速。教之不刑，其此之由乎！[①]

指出教学流于灌输的弊病，而到今天，教学的这个弊病仍会是顽疾。对于教育而言，关键是让学生们能够返回内心，真诚地对待学问，不仅要知道做学问是件难事，还

---

① 此段文字的白话译文如下："今天的教师，只知道照本宣科拿着简册吟读，不等学生自己思考领悟就生硬灌输，汲汲于加速进度，而不管学生是否真的知晓道理，教学不是诚心诚意的，向学生传授知识也有所保留。教师施教就违背常理，学生求学也乖戾抵触。正因如此，学生厌恶学习而且痛恨自己的教师，感到学习的痛苦而不知学习的好处。即使完成了学业，也必然很快地忘掉学过的东西。教育之所以不能成功，应该就是这个原因吧！"（参见《礼记》，胡平生、张萌译注，中华书局，2017，第702~703页。）

能理解这件难事中的乐处，自此而能快乐地求索，在学习进阶的途中怡然自得。

《礼记》书影（淳熙四年抚州公使库刻本）

作为导引者的教师是教育的关键，历史上的哲学家们几乎都有教师这一身份，这并非偶然。青年在教育活动中最初就是跟随，是以跟随者的身份在学习的，无论古今中外，这一点似乎概莫能外。跟随者跟随导引者的动力莫过于后者载于己身的学问的真诚与浑厚，所以导引者除了必要的真诚（如《学记》所提醒的那样），更重要的是丰富自身的学习，换言之，老师就是比学生更会学习的人。在学问的路径上孜孜以求，诲人不倦，将所谓"学者"的身份抛掷一旁，不问功名利禄，而全心全意与学生一道，彼此增益，亦师亦友，这样才能形成一个真正共同体的凝聚力。"学问"是以师生切磋贯通的属"人"的学问，其间不仅有硬核的知识，还有化解知识之硬核的自由精神的流衍，充溢着哲学的事体，在自由和精神的层面，哲学家向往的身份也无外乎教师，而非其他。可以说，哲学教师的心中只有学问和学生、帮助学生提升学问的美好愿望，以及让他们能够在学问中认识自己、寻找精神家园的终其一生的观照，而自己不会谋求更多。

在讯息发达的网络时代，青年很容易获得学术的资讯，概览所形成的视野也有可能超过专职教书的教师，以学术乃至技术拼凑出的作品随处可见，人们的理解力在表面上提高了，但距离智慧仍很远，靠搜索引擎，人们会得到可以利用的材料，却不可指望搜索出智慧。智慧之培养需要一定成熟的判断力、审美力、节制力、洞察力等，非单纯的思维性结构所能全部取代，简言之，即是让理性的曙光在心智中升起，如此才有一丝养成智慧的希望。在知识意义上建立的师生关系并不像想象的那样牢固，而同在智慧之光芒的沐浴下的生命个体，无论其身份一时是导引者还是跟随者，都会把自由和精神的追求放在首位，哲学中的人们亦同样是在如此这般的智慧学中。"智慧学"一词是哲学家康德所喜欢使用的，他认为它能够抚平人们自视甚高的心，而把哲学当作一份值得真诚守护的理想。

作为导引者的智慧学的教师，其教育的目的无非在于让跟随者在智慧逐渐成熟的路径上懂得自教的重要性。我国大教育家潘光旦（1899—1967）先生认为，凡《论语》《学记》之所教无非教人自动地学：

> 教学两字，原是一个过程的两个方面，但在深明教育原理的人，在深知青年心理的人，认为一样用力量，这力量要多多的用在学的一方面，就是，要青年多多的自动，所谓教，也无非是激发与鼓励此种自动的力量罢了。……
>
> 但主要的原因还是在自动的学重于被动的教。全部《论语》里至少有五十六个学字，而"好学"两字联用，则多至十六处。"学而时习之"一语占开章明义的地位，大概也不是偶然的。……
>
> 《论语》与《学记》里所叙述的教授法也确乎是一种教人自动的一个方法，很客观，很没有勉强的成分，可以说丝毫没有把施教的人自己的与现成的事物强加于受教者的身上的意思。①

《论语》以"学"字开篇，并非偶然，"学而时习之"说的不仅是学生，更是老师。钱穆（1895—1990）先生也说："学者读《论语》，当知反求诸己之义。"② 如潘光旦先生、钱穆先生这样的大学者，具有如此师心，亦可视之为智慧学的导引者、哲学家，我在本书中对二位先生的思想

---

① 潘光旦：《自由之路》，上海三联书店，2008，第149页。
② 钱穆：《论语新解》，生活·读书·新知三联书店，2012，第5页。

也多有借鉴。

　　柏拉图在《高尔吉亚篇》中以苏格拉底之口言明哲学（或曰智慧学）实是青年人之学问。虽然人至中老年才有实践智慧（亚里士多德即如此认为），但如若智慧仅意味着经验之圆熟，则无异于辱没"智慧"二字：没有未来向度之敞开性的智慧算不得智慧，一切教与学都只在人们一生的"青年"（不会老去的）时代。中西皆如此。如钱穆认为哲学即青壮年之学，论曰：

　　　　孔子，中国之大圣，其为人也，发愤忘食，乐以忘忧，不知老之将至，是孔子终身常带一种青年气度也。《论语》，中国之大典，二十篇首《学而》，子曰："学而时习之，不亦乐乎？有朋自远方来，不亦乐乎？"有子曰："孝弟为仁之本。"曾子曰："吾日三省吾身，为人谋，而不忠乎？与朋友交，而不信乎？传，不习乎？"是孔门师弟子教训皆主为青年发。《论语》即一部青年宝训也。苏格拉底之教，主怀疑，尚对辩，此壮年人平等相与之态度也。亚里士多德之名言曰："我爱吾师，我尤爱真理"，此壮年人自信自立之气概也。①

　　哲学教人以青春朝气不灭，教人以自信自立不颓，此

---

　　① 　出自《中国文化与中国青年》，钱穆《文化与教育》，生活·读书·新知三联书店，2021，第8~9页。该段引文中"亚里士多德"译名原为"亚里斯多德"，为求前后统一，故有所改动。

开讲辞

007

等功绩体现在孔子、苏格拉底这样的教师身上。本书即以这样的人格来阐释哲学教育者的内涵意蕴。

二

有学生问我："学习哲学是学习什么？"我说："学习哲学是在学会思想。"思想不是单纯指意识活动，通常而言"所思所想"是意识活动被赋予的内容，而哲学中的"思想"是指一项志业，即除却自然赋予的意识活动，另外依托一种特别的训练得到相应智慧的能力。思想于是好像一种平行于身体的消化机能，通过它将直观、感觉、知觉、习惯、掌握、理解、想象、思维等活动中遇见的纯形式如同吸收营养那样储存并输送①给自我，在完善自我之自由的实践历程中，让自由不断成长壮大起来，并且有能力将活跃的自我的生命延续到他者的生命形态中去。人类生命自始就伴随着身体自然的消化和营养能力，因之存在并繁衍后代，而人类的"思想"、哲学家的思想也须使一个人变得富有生命力，并且用这种生命力影响世世代代的人。然而，并不是每个人天生就具有思想能力，所以需要学习。

与思想最贴近的一个词是思辨，思辨是在思想中辨析，

---

① 在我们的身体中，"由于水和食物不断从机体丢失，所以维持其经常的供应的唯一方法就是储藏起来慢慢地释放。水储存在组织间隙以及组织的细胞之中。食物则以人们所熟知的脂肪、动物淀粉或糖元等形式有时也以蛋白质微粒的形式储存于肝细胞中。当需要时，这些储存着的物质就被释放出来以供使用"（〔美〕W. B. 坎农：《躯体的智慧》，范岳年、魏有仁译，商务印书馆，1980，第33页）。

好像在消化过程中对营养物质的分解、析出、提炼、储存。在科系化的哲学专业里学习，思辨力的培养十分重要，但它并不单纯是指具备逻辑分析的形貌，它还需要面对思想家留下的文本与文字，而这些又不是那么容易消化的东西，思辨的过程因而也不是一帆风顺，遇到难题的时候，坚定地坚持下去，是学习哲学的青年需要面对的境况。如果说思辨是具有一定困难的，那么至少要让自己形成思考的习惯。思考是指在意识活动里另加一层考量的意识，类似于反思，在意识的形式和内容方面斟酌考量其合理性，用自我论证的方式去寻求该合理性，使之至少能被自我确信，对于青年而言，这是必不可少的功课。当然"思考"也会陷入自相矛盾的囹圄，所以还要相信另存有一种边界化的"思维"可以帮助我们思考，规范我们下判断。在康德哲学中，思维有其先验的维度，先验的意思虽是指先于经验，但它也参与构成经验，简单来说，思维自有其规定性的"维度"来匡正人们在思考中进行判断的诸种可能性。① 虽则思辨、思考、思维可以帮助人们进行哲学活动，但在现实经验中，人又不乏思绪、思虑、思念，在真与假、善与恶、爱与恨的周遭世界处处操心，意识活动常与情绪、计虑、意念相混淆，不得不现象式地面对自身，莫说纯粹之思难以安定其位，就连自由意志也成为一个难题，然而即便如此，哲学一门也尽然包含了这所有的"思"，哲学即是

① 参见本书第二讲第一节。

对不同层面的思的活动的澄清。

哲思是美的，它的美可以被独立地看待。亚里士多德早就提出了心智的可分离性，认为人的思维要么以递变为万物的方式是其所是，要么以运化万物的方式是其所是，后一种方式就像光，光使潜在之颜色成为现实之颜色，其状态当仁不让地让颜色世界异彩纷呈起来，而它又是与能被看见的诸颜色相分离的存在。人的心智像光一样独立而又纯一不杂。人们知道，"关于……"的知识之形式必须与外在对象相符合，符合的状态递变为对象的客观性，才有所谓"知识"；而心智却也可以从当下条件中释放出来，自在而在，甚至若没有自在的心智，则无物可思（就像没有了光，一切都隐没于黑暗）。① 哲学家笔下独立的心智的美就像光照，这一点认识在人类历史上没有中断过，任何一个时代能够具有的"启蒙"（enlightenment）运动，其本意就是"让光（light）照进来"！如果说把这样一项伟大的思想的志业比喻为与身体平行的、属于个体的"消化"能力并不十分恰当，那么哲思毋宁应当是在人类心智的光中让万物显现自身的现实的"运化"。哲学之美就在于清晰、透彻、光亮、单纯、柔和、有力。

故此，哲学家的思想就是哲学，哲学就是哲学家的思想，我们可以将哲学家们看作独立的思想的光源。如康德，当人们把他看作最后一位启蒙主义者，也就意味着他的哲

① 参见 Aristotle, *The Basic Works of Aristotle*, ed. by Richard McKeon, Random House, 2001, p. 592。

学中赋予后来人的光明的力量，其所辐射的范围较之一般产出知识的学者型哲学家要宽广。我在本书中化用的主要思想，都来自像他这样的哲学家。哲学属于人文学科，也是在于她将这样的光明给予人类，"人文"二字的内涵也是同样美的。

　　人文之美的体现除了哲学这一门，还包括神话、诗歌、文学、历史、宗教、音乐、艺术等，它们无疑共同滋养着人类精神，难道人们不也从这些事业中感受到世界的美吗？哲学只不过是"哲学家更多的是借助于概念并使用概念来从事"[①] 这样的志业而已。所以，哲学不仅仅是"人文科学"知识体系中的一个科系，更是通过敞开一道光亮的门而引导人们走进她的精神世界的、向美而在的追求。因此，诗人、文学家也可以是哲学家，如歌德；哲学家也可以是神学家、宗教学家，如奥古斯丁。德国哲学家雅斯贝尔斯（1883—1969）对此说道：

　　　　哲学是从精神行为本原的整体中提炼出来的，在这一精神行为中，思想和诗歌创作跟宗教和神话、生活和行为尚为一体。对此起有促进作用的是在本原之中，与哲学形象统一的结合。当这一统一的形式分离开来后，它作为一种观念——一种包含其特殊性的观念却得以保存下来了。哲学与其他的学科分离，独成

------

① 参见〔德〕卡尔·雅斯贝尔斯《大哲学家》（上），李雪涛、李秋零等译，社会科学文献出版社，2012，第7页。

一家，当然，哲学与别的学科也是相辅相成的。有些哲学家保留了预言者的先知特征和神的灵感［如恩培多克勒（Empedokles）］。有些哲学家则保留了文学创作的形式［甚至早期思维能力极强的哲学家之一巴门尼德斯（Parmenides）也是如此］。当有些哲学家援引神话时，而另一些却与神话的思想作斗争，而他们自己竟有意识地宣扬类似神话的东西（柏拉图）。有些哲学家不可避免地在他们的理智真谛中回忆并谈论诗歌和艺术，他们把这两部分内容作为哲学的有机部分［谢林（Schelling）］。也有这样的人物，他们是哲学家，但更是诗人（但丁、歌德），或者他们是哲学家，但更是艺术家（达·芬奇）。对于不同专业的界线，我们最好说，那是同一个真理的各种表现形式。在一定程度内，当思想笼罩一切时——仅仅是思想本身绝对不可以统治一切的——我们讲的就是哲学。①

虽然哲学被看作观念化的学科并与其他学科相分离的看法由来已久，但不可忽视她的前史，即生长在精神的整体中，以与诗人、艺术家等共同分有的方式从事着工作，虽则思想也会以词句、图画、音乐等不同的方式外显出来，而内含于其中的仍是思想之运化，我们可以把这些伟大的运思的人都称为思想家，而不单以哲学家来称谓他们。本

---

① 〔德〕卡尔·雅斯贝尔斯：《大哲学家》（上），李雪涛、李秋零等译，第8~9页。

书中所谈及的哲学家，都具备这样的思想能力，他们是带着哲学返回她的家乡的人。

作为思想家的哲学家有一个特性，那就是他所思考的相关主题在哲学史上几乎无人达到他们的深度，因而他们的思考是奠基性的，他们的相关思想可以吸引后来人络绎不绝地前来探寻，这些哲学话题对于人类而言也经久不衰，如柏拉图之于知识与爱、奥古斯丁之于心灵与善、康德之于理性与实践、黑格尔之于精神与历史等。

然而，如今观念化的哲学研究热衷于以技术化的方式追踪热点，哲思之美和思想的乡愁似乎不被重视，如此之分野往往体现在学者与哲学教师二者身份的差异上。当然，学术研究与学科教育不可分家，只不过个人选择会有所偏向。当人们在技术主义的视角下分割人文精神，主要的文章、文字以填充和批评的主要方式攻占报章杂志的版面，凡此种种景象就像长年运思于教育问题的德国作家黑塞（1877—1962）所说的发生在"副刊时代"①的情形。对追踪式的学术研究——而非返回式的——的强调，虽然可以激起很多人的热情，但这种"热情其实不是精神力量，而是灵魂与外在世界摩擦而生的力量。凡是你所谓的热情占统治地位之处，与其说是存在着大量渴望和雄心，倒不如说是把它们导向了自我孤立的错误目标，并因而形成了紧张压抑的时代气氛。同时，凡是竭尽全力趋向中心的人，

① 参见本书第一讲第三节。

凡是努力趋向真实的存在、趋向完善境界的人，外表看来总比热情者要平静得多，因为人们并不总能看见他们灼热的火焰"①。不能被看见灼热的火焰的原因大概是他们还怀有人文主义的乡愁和对思想的智慧学的敬畏，凡是趋向于返回式的教育者的内心对人类大抵怀着一种赤诚，所以他们的文字也不会围绕在专家的小圈子里只供给个别人欣赏。

当然，还有一种热衷于诋毁人文主义的声音认为，人文学科不生产财富价值因而缺少价值，但如果科学主义或技术主义所生产的财富不能为人类幸福与自由谋求价值的话，那些所谓的价值也纯属子虚乌有。不如像托马斯·曼从歌德的人文主义立场所分析出来的那样认为，人类所有的精神之子（人文主义者）与科学之子（科学主义者）都有一个共同的他为之服务的崇高的目的与责任，那就是：他是一个"人"。②

三

人文主义的"人"不是个体的小我，而是人之良心、真善的无限扩大，人文之"文"、文化之"文"也是指人心由以放大的结果或手段。钱穆先生论曰：

> 文化之通则，必在其大群众有以泯其内部小我个

---

① 〔德〕赫尔曼·黑塞：《玻璃球游戏》，张佩芬译，上海译文出版社，2012，第60页。
② 参见本书第一讲第一节以及第三讲第七节。

己之自封限，自营谋，一切自私自利心，而能相互掬其真情以为群，夫而后其群乃可大，乃可以绵历而臻于久。否然者，分崩离析，如冰之泮，如花炮之爆放，刹那暂现，且不瞬息而解消以至于灭尽。其所以泯小我封限营谋一己私利之心者，则仍必探本人之内心本性之所固有，就其当境呈露而为教。否则如沐猴而冠，其势亦不常。此人类内心本性所固有，而以泯其小我封限营谋一己私利之心者，在孔门儒家则谓之仁。非仁无以群，非群无以久，非久无以化，非化无以成文。是为人类文化之大源，亦即人类文化之通性。①

其论中三点可加注意：一是历练消泯小我（一己之私）之心；二是反身而诚，知道这消泯小我之心乃人心之自心，或孔子所谓之仁心，仁心自我发明的境界才谈得上教化；三是人类之文化形成乃于此由小及大、由寡及群地发心而肇端。钱穆先生一生教书育人，创办大学，也是出于这种对于人类充满仁爱之心的境况而实践的。

中国文化的人文主义殊为深厚。钱穆先生所论之雏形还可以追溯至两千多年前的古典文献《大学》。《大学》的一个核心思想就是通过君子之修身立命，进而规范家庭、邦国之内的众人，教化民众群体尚义不尚利。

开讲辞

---

① 钱穆：《文化与教育》，第4页。

《诗》云："瞻彼淇澳，菉竹猗猗。有斐君子，如切如磋，如琢如磨。瑟兮僩兮，赫兮喧兮。有斐君子，终不可喧兮！""如切如磋"者，道学也；"如琢如磨"者，自修也；"瑟兮僩兮"者，恂栗也；"赫兮喧兮"者，威仪也；"有斐君子，终不可喧兮"者，道盛德至善，民之不能忘也。①

禹之鼎《幽篁坐啸图》（局部）
竹与琴成为中国传统士人风度、气节的象征

---

① 《礼记·大学》，胡平生、张萌译注，第 1164~1165 页。

这是《大学》所引《诗经》之《卫风·淇奥》，描写一位有才华的君子，如青青翠竹，美不可言，其身品、智性、德性既高人一筹，又亲民可爱，是写"人"之"文"的极致名篇。人们都仰慕这样的人，所以说"民之不能忘也"。另外，《大学》中还有：

> 生财有大道。生之者众，食之者寡，为之者疾，用之者舒，则财恒足矣。仁者以财发身，不仁者以身发财。未有上好仁而下不好义者也，未有好义其事不终者也，未有府库财非其财者也。[①]

这段话点明了道德与财富的关系，激励人们像爱好仁义的君子（君主）那样，不要一味追求一己私利，而具备了人与人之间崇尚良善关系的社会，其财富生产必然处于合理的富足状态。由己及人，因而及于理想社会，这在我国传统文化思想中是一脉相承的。

我之所以引用《大学》，还有一个目的，现如今我们称之为"大学"的教育机构其名称既然与古代人文主义的名篇重义，其实质活动也应当侧重于从事这样的事业。人文

[①] 这段话的白话译文如下："生产财富有道可循。就是生产财富的人多，消费财富的人少，生产经营要快捷，消费耗用要缓慢，那么财富就会经常充裕富足。仁德之君将财富分散以此赢得名声；而不仁之君则不惜败坏自身而发财。没有君上爱好仁德而臣下却不讲义气的，没有讲究义气却办不成事情的，也不会不把国家府库的财富当做自己的财富加以爱护的。"（参见《礼记》，胡平生、张萌译注，第1175-1176页）

主义的主要内涵就是对人类精神性的崇尚，乃至于崇拜，无论这种崇尚是仁心还是理性。虽则我国根深的人文主义传统是通过仁心表达的，但将人文主义的精神推广和注入世界范围的，乃是古代希腊人追求的理性。[①] 英国著名历史学家阿诺德·汤因比（1889—1975）写道：

> 人类崇拜或人文主义，并非希腊特有的偶像崇拜形式。在一切时代和地域的文明进程中，这种观念一直是拜人宗教的特征。……希腊人文主义经验若有何与众不同，那就是，在时至今日的记载中，希腊人最为专注和坚定地实践了人类崇拜。……我们不得不问自己，为何希腊精神是第一个将自己的精华毫无保留地注入人文主义的文明？此外，为何希腊精神也是时至今日唯一如此充分地致力于人文主义的文明？[②]

中国传统儒学的人文主义是对人的道德力或良善意志的呵护，往往诉诸一种身份象征，尤其像《大学》那样将美好的人格寄托于君主，认为君主也该有教师那样的教化力量，而在古代希腊社会，"较之于那些拥有政治实力的国王，精神上自足的哲人是更值得效仿的神祇（以人类的形

---

① 参见本书第一讲第九节。
② 〔英〕阿诺德·汤因比：《希腊精神》，乔戈译，商务印书馆，2015，第10~11页。

式）"①。人崇拜神就是宗教，人崇尚人之崇高属性就是哲学。虽然当时的希腊社会在生活生存方面总体未能脱离宗教意识的影响，但他们确实使哲学独立了出来，透过亚里士多德便能将这一点看得十分清楚，即把哲学视作科学，又将科学奠基为考察社会和政治架构的标准。② 古希腊人通过哲学将人文主义素养的希求诉诸理性而非身份，他们在世界历史上最早提出"平等人"的观念，任何城邦公民所具有的完美的智性属性都能将他置于与被崇拜的美好的神

---

① 〔英〕阿诺德·汤因比：《希腊精神》，乔戈译，第 106 页。

② "亚里士多德是真正的第一位哲学家，这不仅在于他是第一位系统的形而上学家，使人们在知的层面上习惯于这种形而上学的方式，即把经验分成现象和本质，再通过逻各斯的溯因方式将它们整合到一个知的整体上去，而且也在于他第一个自觉地为希腊人给出了一种决定论的存在方式，即理性的生命这种存在方式。通过理性确立经验，通过理性安顿生命，通过理性认同一种世界图像。……我们在认为他是第一位哲学家的同时也认为他是第一位科学家。这种提法本来是完全没有必要的，因为哲学和科学本是一种存在的两种说法，它们都不能不行走在形而上学这条道路上。一个在经验深处的科学家不可能不是哲学家，因为对他来说仅仅分割存在已远远不够，他有整体阐释存在的学理要求，有义务整体地经验存在。一个本真的科学家不可能不是哲学家，因为存在本身现象出来的冲动、那种存在的经验不可能不指向生命的奇迹，不可能不指向星空，就像那秋天的潮湿不能不寻找秋天的归宿一样，它要结成秋的晶莹，在蓝色中生成，在红色、黄色、绿色中凝结，并随同这些色彩一同归入大地。"（参见陈春文《回到思的事情》，武汉大学出版社，2007，第 48—49 页）汤因比也提到："（亚里士多德）的伟大成就在于：将科学构建为（从逻辑学到生物学）前后一致的体系。这个体系作为整个希腊文化资源的一部分，能够在希腊化的进程中传播到非希腊人群中去。……西方直到 17 世纪才从亚里士多德的魅力中解脱出来，这几乎已经是亚里士多德时代的两千年之后。"（〔英〕阿诺德·汤因比：《希腊精神》，乔戈译，第 100 页）

性相匹的地位，如居住在神殿中的哲学家赫拉克利特。① 即便是突出的身体属性，如在奥林匹克运动会上获胜的运动员，获得橄榄枝编就的胜利桂冠，其名声也可与神等同，他们的雕像被放入神殿，与神共享殊荣，而他们不过是公民。

人需要理性成了一个公设。② 人文主义语境下，哲学教育的目的在于培养优秀的个体，如古希腊人对"优秀"的定义即包括健全的理性与健康的体魄两个方面。有时候，我觉得思想的训练与身体训练有很大相似，开始锻炼身体的人也很难不畏惧锻炼的艰苦，而一旦运动的体验成为肌肉记忆，成为身体的一部分，则又很难割舍掉它；思想习惯的培养也是如此，并不存在完全轻松的时候，但对于素质的提升有着潜移默化的效果。大学的哲学教育有两个大方向：一是要让对哲学感兴趣的青年，不畏艰难地从事思想的志业，作为自己一生的追求，愿意付出，学会思想；二是对于思想性倾向一般的青年，虽则他们在学习哲学的时候不那么突出，但是通过哲学教育使他们具有高远的理想，懂得追求理性和善的价值，能从平庸而不思的生活中

① "他比其他任何人都思想高尚（lofty-minded），而且自视甚高，这从他的书可以看出来，在其中他说'博学并不教人智慧……智慧只在于一件事情，即认识那善于驾驭一切的思想。'"（出自《名哲言行录》第九卷第一章《赫拉克利特》。参见〔古希腊〕第欧根尼·拉尔修《名哲言行录》，马永祥、赵玉兰、祝和军、张志华译，吉林人民出版社，2003，第555页）

② 参见本书第二讲第三节。

解放自身，获得在任何领域都愿意深入学习的自由感，则是有可能的。康德曾说，这种思考和学习的自由虽然最不起眼，但它是属于个体的最无害的自由，毋宁说，它是个体唯一可能的自由。

四

中国青年在准备进入大学的前期，需要奋斗许多年，做很多智力上重复的劳动，绝大多数人之所以怀着进入大学继续进修的梦想，可能并不是因为对某些专业有自发的研究情结，更多的情形是希望在生命中最灿烂的时光里感受一种纯粹的生活。大学的学习环境相对宽松，远离了父母与教学人员每天的敦促，开始学会自己照顾自己，并在开放的课程体系中颇为自主地进行选择，依照自我规划的方向寻求精神家园，在这里他们可以开始感受出于自我行动所展开的爱的活动的可能性和丰富性，也可以跟随可信的教师进一步完善自己的智慧，毋宁说，大学（University）有一种类似使人徜徉于宇宙（*Universe*）的魅力，这种魅力从具体的知识和自在的知识中得到反复的自我确证。黑塞说道：

> 地球上的大多数人过着一种比较单纯、原始、混乱，也比较危险的无庇护的生活，和大学①人的生活迥

---

① 原文为"卡斯塔里"，小说主人公所上的大学。

然相异。原始的本能世界是每一个与生俱存的，凡是人类都会在自己内心深处觉察到它的存在，都会对它有些好奇，有些思念，有些共鸣。人们的任务是合理处置这种原始的本能世界，可以在自己心里为它保留一席之地，但决不会回归其中。因为与之并行，并且凌驾其上的是第二个世界——大学的[①]世界、精神世界，是一种更有秩序、更受庇护，同时又需要持续不断发展改进的人工创造的世界。人们要为这个世界服务，却不错误地对待或者轻视另一个世界，不带偏见地看待任何一种隐约的欲念或者怀乡之情，这才是唯一的正道。[②]

他用很简明的话指出了社会与大学的联系，即在社会中生存需要人的原始的本能来保护自己的行动，这是任何作为人类一分子的个体都具有的隐约的欲念，即把充沛的生命投入到充实的、哪怕是有危险的环境要素中去；然而，还有"第二个世界"，经过人类所共同维系的"大学"的洗礼，精神要素充斥于原始本能之中，使得后者更为合理，纵使回到社会，曾在大学学习过的人们会更有秩序，换言之，公民理性的要素更好地帮助他在充满生命力的世界中守护人之为人的更源初的动力。人们对于社会与大学不应该怀有偏见。

---

① 原文为"卡斯塔里"。
② 〔德〕赫尔曼·黑塞：《玻璃球游戏》，张佩芬译，第74~75页。

在哲学系毕业的学生很多人将来不会从事哲学专业的研究，他们进入社会之前，往往有一种心理，即认为自己从"理论"回到了"实践"，但其实，哲学活动本身也是一种实践，就像还未进入社会的青年心目中所想象的"实践"也可以被他们看作一种理论。理论与实践不是二分的，人的生存的信念与行为也是相互渗透的。黑塞在小说中通过一位教师之口对"外面的世界"特别加以申明：

> 有一个"外面的世界"，我们所有精英学生全都来自那里……在许多孩子心里，它仍然是充满吸引力的了不起的现实世界，而且始终在诱引着他们，最终把他们都吸引了回去。也许它所诱引的不是个别人，而是我们所有人。这个我们业已离开的遥远世界发出如此强大的吸引力，也许完全不是针对那些意志薄弱和精神卑劣的人。也许他们那种表面上的跌落根本不是什么堕落和遭难，而是向前跃进和向上运动。[1]

去到外面的世界，更需要展现自身意志的强大和精神的优越，而如果大学教育能够让青年人懂得自由意志何以向善、人类的爱是什么、[2] 精神为何能营造科学视野，[3] 如果走向社会的人都能以哲学的标准在有限的人生里实现人

---

[1] 〔德〕赫尔曼·黑塞：《玻璃球游戏》，张佩芬译，第51页。
[2] 参见本书第三讲。
[3] 参见本书第二讲第五节。

们彼此共同的最大化幸福，则"大学"的意义较之于作为学历升级的一个单纯认证机构而言则更加为"大"，而在这样如宇宙、天地广阔的"大学"里，人文学科或者像哲学这样的精神科学就完全是不可替代的。包括大学教师在内，所有人都是心向社会的，希望社会能够通过一代又一代人的努力变得更美好、更和谐。

青年虽然是教育的对象，同时也是教育之希望，但由于他们几乎是在步入成年的初始阶段才开始在大学中过着受庇护的、根据自己的意愿渴求知识、相对自主的自我成长的生活，所以每一个个体都有着前期生活中积累下来的自我的困境和坎陷，也就是说，青年人也有青年人的不足，有其自身的缺点。[①] 如何从不足到自足，是每一个青年人所面临的亟须解决的难题。根据多年与学生们接触的经验，我认为当代青年人的困惑除了来自原生家庭的烦恼，还有两个不可忽视的要素，即日益显著的消费主义环境与日益严重的技术主义对学科绩效机制的宰制。前者让他们困惑的是，求学的目的到底在于追求理想还是积累财富，他们往往感到恍惚，因为资讯环境铺天盖地带给他们的直接感受是金钱价值的先行；后者让他们困惑的是，读书的程序究竟应该是怎样的。现在大学里的学生已经开始被要求像一位成熟的学者那样写论文、做项目，至少也要照猫画虎，可是他们还没有足够的学识积累，这时就要求他们产出，

---

① 参见本书第一讲第七节、第十一节。

他们往往掏空了脑袋完成一篇篇习作，还要受到多方面的考核，智慧处境的牵制与磨砺，让他们无所适从。这两个影响要素是没有办法通过哲学学科、哲学教师、哲学系的学生来改变的，在技术性地强迫学习这一边往往还关联着学生的前程认证、学院的升学率等客观事实，我认为，帮助改变学生和教学之困惑的最有力的办法莫过于全民人文主义素养的提升。这一代的青年是在网络环境下生长起来的，他们比我们这些教师更聪明，但不一定会更坚韧、更纯粹，所以需要用心培养。虽然网格化的信息一旦在他们自我认知的格式中成型，往往增加了他们的自信，但大学教育所期待的那种精气神，[①] 不是个人自信就能够涵盖的。当代青年需要学习的东西还有许多，当代世界也需要更多的思想者。

虽然青年人各有各的不足，但青年与青年在一起，在一个较为宽松的、具有知识氛围的纯粹环境中，彼此间涵养、呵护、鼓励，也是大学精神重要的另一面。我国清代道人黄裳，广收天下英才，是一位谆谆不倦的老师，他在《乐育堂语录》中论述的阳气生发的景况颇有几句话类似当代大学青年读书、与其他青年一道读书、将来或许各自成人而悠然自得的真实境界：

又或读书诵诗，忽焉私欲尽去，一灵独存，此亦

---

① 参见本书第一讲第八节。

阳生之一端也。又或朋友聚谈，相契天怀，忽然阳气飞腾，真机勃发，此亦阳生之一道也。更有琴棋书画，渔樵耕读，果能顺其自然，本乎天性无所求亦无所欲，未有不优游自得、消遣忘情者，此皆阳生之象也。①

这几句像诗境一样的描述，真可谓"斯文在兹，天心默契"② 了。中国人所讲的"斯文"就是人文主义彰显之鹄的，是人的精神的象征。③ 大学里青年人一起交流书籍内容，向往大学社团里的琴棋书画，外面世界的渔樵耕读，展现在他们脸庞上的应当是充溢勃发的向阳之气，是人类未来的景象。作为哲学教师，我真希望自己眼中所看到的是一个个这样活泼的形象。

五

人有五感，因之就会有七情，如见好色则生喜，听不进人言生怨怒，闻到气味会有爱恶，品尝到食物则生思念，因为有身体触觉则又有欲念，而意识活动又不免让人心理生忧。理性或智慧，以及爱的教育，可以帮助人们处于较为平均且平衡的生理和心理的处境。即如古代哲学，无论

---

① （清）黄裳：《乐育堂语录》，上海古籍出版社，1990，第9页。
② （清）黄裳：《乐育堂语录》，第253页。
③ 参见本书第一讲第四节。

孔子仁学，还是亚里士多德伦理学皆尊崇的中庸（the mean）之道，就都包含理智要素。理性的范导性以及爱的活动中隐藏的与理性活动不同的逻辑，本书在第二讲与第三讲着重探讨，它们一并合成为"哲学"的内核，因之使哲学具有很好的治愈力。很多哲学家都把哲学看作自我教育、自我引导、自我治愈的良方，如本书中一贯谈论的柏拉图、奥古斯丁、康德，又如偶尔谈到的维特根斯坦、福柯、阿伦特等人，他们的思考都同样为了人类能够在哲学的方向上归属性地有所作为做出了较为精彩的论证和实践之方法的提示。我将他们的思想融合在一起，并不区别看待，是因为这些哲学家的思想之间本就存在亲缘关系，有些问题自古以来就是一脉相承的。

哲学家之间也有相互批判，比如尼采对康德、阿伦特对海德格尔等，但我们也可以看到，即使尼采不相信市民道德，但仍旧维护精神，阿伦特虽然以行动来反对纯思，但仍推进人类自由，所以哲学家们对前人或者前辈的思想表示不满，其目的是在批判的语境下完成哲学内部张力的一贯性与完整性。在我看来，哲学并非哲学流派，哲学也不是单纯的问题史，而是各种流派对问题细节的修改更正，带来"哲学"本身真理性的透明度及有效性，并没有所谓掌握真理的哲学，而应该把哲学看作寻求真理并保持开放性的唯一的活动。在 20 世纪的欧陆哲学以及分析哲学中，已经很明显地将那被科系化对待的哲学（philosophy）学科变作哲学式生活的过程化（philosophizing），因而，现当代哲学对治愈两次世界大战后的人类及其境遇所做的努力，犹如"轴心时代"盛产思想家一样，其意见与真理、阵营与流派在众多的思想家的书写中重现。轴心时代是雅斯贝尔斯首先提出的，即公元前500年前后，古代中国、希腊、印度等地区不约而同地产生了大批思想家，他们的思想奠定了东西方不同的文化基因和民族性格。在中国，正处于春秋战国时期的百家争鸣中，最为人熟悉的思想家就是孔子和老子了。如果说哲学在那个时代是以彼此分际（parting）的不同形态而各自形成不同智慧类型的话，在两次世界大战的创伤之后，哲学式生活的过程化却在众多思想家那里体现为融合（convergence）。在如今科系化的哲学领域，人们从研究方法和操作技术的角度区分中国哲学、外国哲学、印度哲学等，但真正的研究者们会发现，单纯从某一角度切入智慧学，总会让人捉襟见肘，力有不逮，很难找到问题的本质。所以，须以人文主义的视角扩大研究范围，即使传统上狭义的人文学科，即哲学、文学、历史三门都需要通贯融合，才能比较宽广地实现研究工作，并对青年人的基础教育产生实质的影响。

青年人多喜欢文学，因为文学形象和语言让他们觉得更为亲近，而如果文学的文字中能够敞露出哲学或者形而上学的根本要义，则阅读对于他们来讲会更有益处，即不把文学当成他者的私人语言，而将自己放在普遍人类的形而上学的遭遇中，反思地代入思考。在这一方面做得很成功的作家如法国的普鲁斯特（1871—1922），他曾说他创作的七卷本巨著《追忆似水年华》只是一篇形而上学论文。这也是我愿意多次在著作中引用和提及他的原因。"文学是近代性中形而上学的对立物，形而上学聚集着概念，文学打开概念；被形而上学简化掉的人的经验，文学再把它拾回来。"① 不论康德还是普鲁斯特，我均以一种人文主义的立场平等待之。托马斯·曼认为文学史上最突出的两位人文主义代表分别是德国的歌德与俄国作家列夫·托尔斯泰，所以在本书中，我也融合性地涉及他们的小说，写作中引用了《威廉·迈斯特的学习时代》与《安娜·卡列尼娜》。

　　融合不仅要在哲学家的思想中融合，在人文学科内部融合，也必然要在东西文化视野中融合，这样才能产生优秀的人物。这同样也是我们作为中国人的有利条件所在，因为即便在遥远的轴心时代，中国人的思想就已出类拔萃，可以作为世界文化的柱基，以此为原点，让思想和智慧运化起来，借鉴其他文化成就就会易如反掌。我特别喜爱的一位人物，他在流行文化中地位极高，中国哲学中"功夫"（kung fu）一词因为他被写入英文字典，他上大学时的主修专业即是哲学，他的成就源于东西方经验的融合，他就是李小龙（1940—1973）。他摘写过一首诗，② 我认为极好地表达了融合，中、英文版都很有特色，兹录于下：

开讲辞

_____

① 陈春文：《回到思的事情》，第212页。
② 原诗相传为元代管道昇所作。

我侬词

你侬我侬，

忒煞情多。

情多处，热如火。

把一块泥，

捻一个你，

塑一个我。

将咱两个，一齐打破，

再捻一个你，

再塑一个我。

我泥中有你，

你泥中有我；

与你生同一个衾，

死同一个椁！

PARTING

Who knows when meeting shall ever be.

It might be for years or

It might be forever.

Let us then take a lump of clay,

Wet it, pat it,

And make an image of you

And an image of me.

Then smash them, crash them,

And, with a little water,

Knead them together.

And out of the clay we'll remake

An image of you, and an image of me.

Thus in my clay, there's a little of you,

And in your clay, there's a little of me.

And nothing will ever set us apart.

Living, we'll be forever in each other's heart,

And dead, we'll be buried together. [①]

表面上这是一首情诗，但关于爱本身的议题，无外乎情热（passion）、奉献（devotion）和期待（expectation），以及这三者在有限的时间（死亡）与时间本身（永恒）之间的辩证关系。[②] 关于智慧之追求，也不外乎此。

我在大学课堂讲授"哲学导论"课程时，借用较多的是德法思想，德国思想深刻恢弘，法国思想敏锐犀利，尤其是其中对自然与自由、身心与精神的强调，对于聆听哲学的青年而言有一种提升作用，似水边被裼，临镜照影。经过多年实践，我认为，导引学生入门的哲学内容如采用康德、舍勒等人的思想似比其他方向领域的哲学家更为得宜。我在本书中也较多地运化了他们的思想，而且从他们

---

① 李小龙著，〔美〕约翰·里特编辑整理《生活的艺术家》，刘军平译，北京联合出版公司，2013，第144~145页。

② 参见本书第三讲的哲学分析。

开讲辞

转向中国人生活和生存的角度，几乎圆融无碍。中国人的思想脾性与德法一系有很多共同点，比如对美感的追求，对自然生活与大同世界的渴望，对人性本真与礼仪节制的仰慕。歌德（1749—1832）曾这样说：

> 中国人在思想、行为和情感方面几乎和我们一样，使我们很快感到他们是我们的同类人，只是在他们那里一切都比我们这里更明朗，更纯洁，也更合乎道德。在他们那里，一切都是明智的，中庸的，没有强烈的情欲和富有诗意的激奋，因此和我写的《赫尔曼与窦绿苔》以及理查生①写的小说有很多类似之处。他们还有一个特点，即外部的自然是始终与人物生活在一起的。人们经常听到金鱼在池塘里劈劈啪啪地戏水，鸟儿在枝头唱个不停，白天总是阳光灿烂，夜晚也总是月白风清。人们常谈到月亮，不过月亮不改变自然风景，在人们的想像中，月光像白天一样明亮。房屋内部和表现房屋的中国画一样整洁雅致。例如"我听到可爱的姑娘们在笑，等我见到她们时，她们正躺在精巧的藤椅上"，这就是一个顶美妙的情景。因为藤椅令人想到极轻极雅。此外，故事里还经常穿插着大量的传奇，援用起来很像谚语，例如说有一个姑娘步履轻盈，能站在一朵花上保持身体的平衡，而不会折断花；

———————————

① 理查生（Samuel Richardson，1689-1761），英国小说家。

又说有一个德才兼备的年轻人三十岁就荣幸地和皇帝谈话；又说有一对情侣在长期的交往中始终过清心寡欲的生活，有一次他俩不得不同在一间房里过夜，他俩整夜不眠，用谈话消磨时间，谁也不惹谁。还有无数的传奇故事都涉及道德和礼仪。正是这种在一切方面推行的严格的节制，使得中国维持了几千年，而且还会长存下去。①

据说，当年拿破仑在遇见歌德之后，惊异地说："这真是个男人！一个真正的男人！我还以为会见到一个德意志诗人！"② 言下之意，按中国人的话来说就是："这真是条汉子！"或许像是李小龙那样的气概。凡具有人文精神内在修养的人，其处事公正、大度，言语端庄、可敬，待人接物"望之俨然，即之也温"③，对过去葆有幸福，对当下持守严谨，对未来开创自由，愿意面向文明、文化之融合，富有同理心、同情心、想象力，行动有条不紊、井然有序，永远怀抱着理想；凡是这样的人，无论其是军事家、政治家、作家、诗人、明星，还是一般民众，都不会是柔弱的人，一定是有骨气、有血有肉的人。人们可能会认为"文科"、文学过于文绉绉的，但如果教育得当，让"文"成

---

① 〔德〕艾克曼：《歌德谈话录》，洪天富译，译林出版社，2002，第220页。

② 参见〔德〕尼采《善恶的彼岸》，赵千帆译，商务印书馆，2015，第177页。

③ 语出《论语·子张》。

为"人"所仰仗的力量，我想，这个世界会更成熟、更富有青春活力。

法国哲学家米歇尔·福柯（1926—1984）写道：

> 我们看到，人文科学并不是对人本性所是的一切所作的分析；而确切地说，人文科学是这样一种分析，即它在人的实证性所是（活着的、劳动着的和讲着话的存在）与使得这同一个存在能知道（或设法知道）生命的所是、劳动本质及其法则所在和他能以何种方式讲话这一切之间延伸。……简单的事实就是，相关于人类存在在其中被设定为对象的那些科学（人独独对经济学和语文学而言是对象，或人部分地对生物学而言是对象），人文科学处于一个复制的境地中，这个复制能更有理由称得上是它们自身。①

明确地指出了人文科学不是将人作为研究对象加以分析，而是在人的生存、劳作、话语中延伸和复制！那么，哲学作为人文科学，它所能达到的自身目标则是延伸和复制智慧，延伸和复制爱与善，真与美。

六

本书是在写作中完成的，写作相对于讲述有很大不同。

---

① 〔法〕米歇尔·福柯：《词与物》，莫伟民译，上海三联书店，2001，第461~462页。

写作需要斟酌字句，查找支撑材料，征引文献做注释，这些工作延缓了思想的时间，有足够充分的时间去展开一个话题，也有很大的文字空间去做取舍；而讲课非常不同，它需要在两三个小时之内明确地交代话题，对话语不可能过分雕琢，思维意识的反应状态也不像单纯对待文字，而是在大脑中回旋展开的那些话语被抛出来面向一个个活生生的生命，如电光火石。教师在课堂上所阅读的不是文献，而是学生的目光，目光与目光接触的瞬息影响着当场需要讲出来的话。课堂检验的不仅是教师的学术水平，还有临场的风度，检验的是这个人，检验的是这个人用全部的时间来思考的生命的背景。我在本书的写作中尽量还原我在课堂上讲课的语言风格，但纵然这样，也不能纯粹地与课堂做比较，所以本书有一个附录，它是我讲课时语言风格的忠实记录，与本书第三讲相辅相成，相互发明，有兴趣的读者可以参阅。

我非常钟爱课堂，尤其是讲哲学，她为我带来了总是清新的感受，学生们的目光是最美好的礼物。现在大学很多课程都像做课题项目一样，要求集结项目团队，要求做网络视频课，我却认为完美的人文主义讲述是不应该按照这样的标准评价的，因为人文学科在延伸和复制着人的美好的东西，交流是在现场发生的，尤其一个眼神、一句话将来可能就是学生心中潜伏的一颗种子，不是成套的理论或者问题史可以替代的。每一节哲学课也都应该是不可替代的。最后，请允许我仿照黑格尔《哲学史讲演录》"开讲辞"的结尾段这样说道：

我们上一辈的学者和教师是从时代的暴风雨中成长的，而如今我们这一辈也成为你们青年一辈的教师，无论怎样时代中的一辈，我们都有理由赞美诸君的幸运和幸福，因为你们的青春正是落在这无忧无虑、无所干扰的日子里，可以专心从事于真理和科学的探讨。我曾把我的热情贡献给课堂，我所高兴的是，在每一堂课上与大家一起工作，一起思考，使那始终高于我们的哲学兴趣活跃起来，并帮助、引导大家走进这个领域。我首先要求诸君信赖精神自由，信赖自己。追求真理的勇气和对精神力量的信任是研究哲学的第一个条件。人既然是精神，则他必须而且应该自视为配得上最高尚的东西，切不可低估或小视他本身精神的伟大。人有了这样的信心，没有什么会顽固到不向他展开。那最初隐藏着的宇宙的本质也不能抵抗求真的勇气；它必然会向勇毅的求真者展露它的秘密，将财富和宝藏公开给他，让他享受！

凡·高《播种者》

相应地，智慧也具有生命托付给它的一切艺术形式，这些艺术形式涵括了一切奋斗，一切爆发着的生命的光辉，一切的孤独与孤苦无援，甚至是一切形式的哀鸣！

—— 陈春文《回到思的事情》

第一讲

哲学的教与学

一　一次提问

学生问我说："老师，哲学是'爱智慧'之学，但是为什么现在科系化的'哲学'不再教人以爱、给人以智慧了呢？"我一时语塞，只言片语无法答他，但我知道，这个问题亟待解答，且须解答清楚。

哲学是人文科学之一，在未精细化做出学术分科的时代，即便如20世纪初，"所有人文学科，哲学、法学、医学、神学，甚至包括自然科学和技术只是同一个高等的和有趣事情的变化和变种，人们永远说不清人与这件事究竟有多么不同，有多少方面的关系，因为这是人；人的形象是所有这些学科的化身，人的形象，用歌德的话说，是所有人性的认知和行为的 non plus ultra（不可超越的顶点），是'我们所知的一切事物的核心'"①。写出这段话的德国文学家托马斯·曼（1875—1955）将艺术也看作人文科学。

然而，在如今的大学科系中，哲学、艺术、法学、医学彼此间鸿沟判然，似乎哲学有哲学热衷的"人的形象"，艺术有艺术勾画的"人的形象"，法学有法学探究的"人

①　〔德〕托马斯·曼：《歌德与托尔斯泰》，朱雁冰译，浙江大学出版社，2013，第108页。

的形象"，医学有医学剖析的"人的形象"，各自方法及技术的"严谨性"，使人性命题疏离了它的核心。所谓的"人文科学"，狭义上仅用以指哲学、文学、历史学这特定的三门学问，这个所谓"人文"似乎是在依托"文字"来达成愿景，即是说，科系化的人文科学只能通过理解文字、生成文字、保护文字来占有合法的一席之地了。

　　离开了"人"，恐怕"自然科学和技术"也很难成为学问，因为不论何种学、何种问，都根源于"人性的认知和行为"。站在这个"不可超越的顶点"来生存，与去问"人类为什么要求知"几乎同一。歌德有一句话："人类本质性的研究是人。"在托马斯·曼看来，这与"对未来的爱"其实是同一个东西，"因为人、爱、未来是万有归一"①。简单一点来说，但凡人之为人者，爱着人的未来，不论他做什么领域的学问，都是一名"人文主义者"——哪怕他不是学问人，也可以这样来认定——只要他懂得"人"的意义。

　　托马斯·曼对于"人文"所具有的关怀，理解得足够精粹、足够广阔，可治愈当下人们以人文来简单对应文字工作的浮泛与偏狭。他用人文主义的观念召集一切精神之子与自然之子：

　　　　精神之子们对自然的追求，自然之子们对精神的

① 〔德〕托马斯·曼：《歌德与托尔斯泰》，朱雁冰译，第159页。

追求，都指向一个作为人类目的的更高的统一，事实上人类作为一切追求的至高载体以自己的名字，用 humanitas（人性）这个名称证明了这个目的。①

我们现在用来称呼哲学、文学、历史学的统称——"人文科学"（humanities），即来源于 humanitas。

似乎，在这个名字下汇聚的是人类中那些仅仅作为精神之追求者的人们，但托马斯·曼将自然之子（对客体世界充满着探索的好奇心的人们）也囊括其中。即便在哲学、文学、历史学中，也存在精神上的实在对象，人们对待它们应当如对待客体一样。可以说，千百年来，人类在哲学中孜孜以求的，即是对精神这种实体的真切体验。学习哲学，不仅应当对哲学门类的知识有所追求，还应该追求它更深层次的人文属性，为此，哲学不仅在学问人的身上体现出高标准的知识素养，在任何个体身上，也都会熏陶出至深的人文素养。恰如古人所追求的君子、仁人，在我们当下的时代也可被称为"哲学家"。

---

① 〔德〕托马斯·曼：《歌德与托尔斯泰》，朱雁冰译，第 130 页。

二　哲学教师

　　苏格拉底（公元前 469—前 399 年）是自称"哲学家"
（philosopher）的人，他用这个名称强调自己所从事的事业与
当时希腊社会中的智者们所从事的职业之间的差别。他的学
生柏拉图（公元前 427—前 347 年）在《智者》中这样来划
分二者：认为"属于控制的、捕猎的、……捕猎人类的、通
过说服来捕猎的、私下里捕猎的、赚取酬金的、宣称提供教
育的专门技艺，它把富有和显贵的青年当作猎物——我们的
论证得出结论，它应该被称为'智术'"①、"这个属于占有
术、交易术、市场经营术和商贸术中贩卖关于美德的言论
和学问的灵魂商贸术……显现为智术"② 等；而哲学家从事
的事业是清除和治愈人类灵魂之恶的"净化术"，就像健身
术（体育）针对丑陋，医术针对疾病，"一方面，怯懦、放
肆和不公正等都应当被认为是我们之中的疾病；另一方面，
各种各样的'无知'状况应当被认为是丑陋"③，哲学活动
主要"包含有净化术，再把净化术中针对灵魂的部分分离

---

① 〔古希腊〕柏拉图：《智者》，詹文杰译，商务印书馆，2012，第 14 页。
② 〔古希腊〕柏拉图：《智者》，詹文杰译，第 17 页。
③ 〔古希腊〕柏拉图：《智者》，詹文杰译，第 24 页。

出来，其中有教育术，教育术中有教化术"① 等。

历史上，不论中西，成为哲学家的人都几乎同时拥有另一重身份，即教师，而非单纯的知识分子或者用知识来标榜身份的人。这不是偶然，而是哲学事业本身的内在要求。因为哲学家们有一个终极的人的形象的理想，为了达到这个理想，就必须在与人的接触中、在人与人道问学的过程里，一步步来艰难地实现，而这种实现永远不可能获得满足，或者在历史现实中总是要失败的，每个个体终归是有限的。所以，他的学生也会成为教师，学生的学生也将成为教师，为了达到灵魂的净化，为了维护人类命运向前涌动的力，哲学乃是一种守护的力量。

在这个视角下，哲学的传承哪怕缺少书籍都可以，书籍更多地承载某一个精神传统，而学习它们的人、解读它们的人、发扬它们的人是决然不能够缺场的，亦即，真正的哲学教师具有治愈人类灵魂的优先地位。然而在今天，阅读哲学书与不论以教师的身份还是以学生的身份学习哲学几乎是一回事。阅读哲学书时，依凭个体经验总结出的教育术或教化术，通过变现为文字或讲话，就自以为进入了历史悠久的哲学之门，是当代人面临的一个幻相，即以文字为依归的师心自用。如今，并不缺乏书籍、文字，如烟海浩瀚，若无渡洋之筏，也是枉然，须由真正的哲学教师深挖人文的内涵与实质。

---

① 〔古希腊〕柏拉图：《智者》，詹文杰译，第28页。

陈春文先生曾在他的《回到思的事情》一书中说道：

在提及哲学时，细心的人总是要提到 Philosophia 这个词源学的交待，这个由爱（philo-）和智慧（-sophia）构成的复合词。需要我们认真对待的也许不是漫不经心地提到的爱智慧这个复合词。真正严重的也许是问一下什么是爱，什么是智慧。在希腊人那里，爱是个严重的事件，智慧也同样是个严重的事件，就好像一个不会游泳的人被扔进深海中一样。……一个被抛入大海的思想着的生命，能够承担起生命托付的智慧是学会游泳，而爱则是求生的能力，这能力必须与大海同样广阔，必须与游泳的技术乃至艺术同样地适应大海的秉性。他对大海的要求也是大海对他的要求。这爱是有美感的、有力感的、有艺术感的，有同生命及大海等深的意义。当然这爱也是具有恐惧的背景的，它也有与黑暗所具有的一切吞没本性相抗争的全部紧张感。①

我在课堂上讲哲学，到动情之处，也会和同学们说：我们坐在一条救生筏上是多么幸福，尽管会颠簸，或许前途未卜，哲学却最大限度地负载我们前行。在大学一年级新生的"哲学导论"课堂上，通过一学期短暂的时间，与他们一同探讨什么是爱，什么是智慧，是我讲授哲学入门

---

① 陈春文：《回到思的事情》，第 14~15 页。

课程的两条基本主线。本书所探讨的仍然是这两个问题，以期找到哲学之"爱智慧"的实质与内涵。

苏格拉底像

对苏格拉底来讲，教育并不意味着由已知者顺便来教导未知者这样一个事件，而是在这样的一种环境下，人们彼此从中找到自我，从而领悟到真理。他希望帮助这些年轻人，而这些年轻人也帮助了他。苏格拉底如此教导年轻人：从表面上看来是理所当然之中去发现问题，使他们困惑，强迫他们去思考问题，教他们如何去探寻，不断地提问，在回答中不支吾其词，他们都有这样的基本认识，那就是真理是可以使人类结合在一起的。

—— 雅斯贝尔斯《大哲学家》

三　副刊时代

　　对哲学家与知识人的区分不仅在柏拉图那里是有意义的，德国作家赫尔曼·黑塞的小说《玻璃球游戏》也用"副刊时代"这个名词来标记那产出大量文字信息，随处可见文化的虚伪的教导，其作用不外乎让经营知识产业的人们获得此世人生更成功的生活的时代，那些人占据话语权，亦如从事市场经营术与商贸术一般。书中如是谈及：

　　　　人们可以把副刊文字年代的文化生活比作一种因过度生长而耗尽元气的退化植物，只得以衰败的枝叶来培植根株继续生长了。今天的年轻人，凡是打算献身于精神工作的，全都不愿再到高等院校去听什么零七八碎的课了，那些有名无实的教授毫无独立见解，只会提供一些昔日较高级文化的残渣碎屑。……他们①都必须走一条陡直的艰难道路，必须从事数学与亚里士多德经院哲学的训练以净化和强化他们的感受能力，尤其是必须学会放弃前辈一代代学者们认为值得为之

---

　　①　指有精神抱负的年轻人。

奋斗的一切利益：轻而易举地迅速获得金钱、荣誉、公众的尊敬，受到报刊的赞美，与银行家和工业家的女儿联姻，过豪华奢侈的生活。……哲学家们向往占领副刊阵地，在座无虚席的大厅里发表迷人的演讲，不仅获得雷鸣般的掌声，而且还有美女献花。……事实虽然如此，但今天仍有不少有才华的年轻人把这些人物视为值得羡慕的榜样，然而通往荣誉、财富、地位和奢华之路的，再也不会是经由讲台、研究院和博士论文之途了，诸如此类业已深深沉沦的精神工作行业在世人眼中早已破产。他们中的有些人出于笃信和忏悔仍然为之献身，也重新赢得了精神阵地。[1]

作者表达了一种在未来脱离副刊时代的纯粹的学术向往，实际是出于一种真实的担忧，他接着写道：

倘若我们对一个精神净化后的知识分子可能在国家中获得的位置进行深入探讨，似乎是离题太远了。但是历史经验立即向我们显示，只消有几代人松弛精神训练，也会立即十分严重地损害实际生活。因为一切较高等的职业，即或技术性职业，有能力承担者也会越来越少。……人们懂得或者只是隐约感到：倘若思想不纯净与清醒，倘若精神良知不再受到尊重，那

① 〔德〕赫尔曼·黑塞：《玻璃球游戏》，张佩芬译，第19~20页。

第一讲　哲学的教与学

么船舶和车辆很快就会偏离航线和轨道，工程师的滑尺连同银行与交易所的计算数字也就会失去其权威与合法性，随即降临的是一片混乱。人们总是要花很长时间才醒悟过来，原来文明的一切表面，一切技术、工业、商业，等等，也必须有精神上的道德和正直才行。①

这就是说，每一代人必须经过严格的精神训练的奠基，才会对他的时代负责。然而，我在大学里的同事曾对我说："真羡慕你能写自己喜欢的东西，我们写的那些论文连自己都不想看。"而有的人在拿到了教授职称后还是在创作和发表着自己都不喜欢的东西，去占领刊物的版面，以求得更多的利益。学生们也同样在网络上接触到被媒体推向前沿的名人、专家，而真正需要研读亚里士多德的时候又感觉力不从心，往往把取食残渣碎屑当作简单兑换学业成绩的手段。

英国经济学家弗里德里希·哈耶克（1899—1992）在其名著《自由宪章》中也有一处不起眼的注释，透露了他对大学教育或学院式教育的一点个人看法：

在目前条件下没有注意到的一个问题，就是有时有些年轻人虽有追求知识的渴望却对标准的教授课目

① 〔德〕赫尔曼·黑塞：《玻璃球游戏》，张佩芬译，第20页。

没有任何公认的特殊天赋。对这种渴望应给予更加充分的重视，念完大学的机会并不真正解决更高层次的问题。我一直认为有强有力的理由让学院履行以前寺院的功能，在寺院中那些对教育很上心的人，可以以抛弃生活中的舒适和乐趣来为代价，却获得把其发展的成型期完全献给寻求知识的机会。①

此建议不失为良策，不过殊难实现。即使在大学中，师生共同生活在一个相对封闭的环境，但若要教师与学生像僧侣一般，只对纯粹的知识或者精神活动产生持久的兴趣，若要教师摒弃功利，忘却多余的娱乐，从而对那些即便没有天分却得到了念大学机会的学生付出更多，如今似乎是天方夜谭。每逢毕业季，毕业生身着由中世纪僧侣流传下来的学士服，手捧鲜花，享受狂欢，却难得有一刻去反思所受教育的利弊，安静地沉思知识及大学的尊严。

---

① 〔英〕弗里德里希·奥古斯特·哈耶克：《自由宪章》，杨玉生等译，杨玉生等统校，中国社会科学出版社，2012，第 565 页。

四　天道斯文

依照我国传统，习惯上把做学问的人叫作"读书人"，读书人所读之书在狭义上理解即人文类书籍，其必然不是指工具书或技术类书籍。即便当下，如我们建议某人"好好读几本书"，言外之意也是读几本能让个人生命、个体精神变得丰厚的书，而不单纯是能让知识储备有所增加的书，虽然后者也重要，但读书的目的似乎还是在于拓宽视野、增长智慧、修养生命。这是"读书"二字的中国性语义。从这个角度看待古时候的读书人，其为贤者、圣人的，贯通了读书这件事之人文实质的人，现在也被称作"哲学家"，例如孔子。

《论语·子罕》：

> 子畏于匡。曰："文王既没，文不在兹乎？天之将丧斯文也，后死者不得与于斯文也；天之未丧斯文也，匡人其如予何？"

钱穆先生注"文不在兹乎"曰："文指礼乐制度，人群大道所寄。孔子深通周初文武周公相传之礼乐制度，是即道在己身。或说：孔子周游，以典籍自随，文指诗书典册。今不从。"[1] 指出"文"不在典籍而在于一己之身，可谓道言。

南宋马和之绘《孝经》卷首孔子传道图像

"斯文"二字自此开始出现在中国文字中，这个词在先秦时期只有在提到孔子时才使用，及至宋明理学，逐渐普及为文章、文化、文雅之义。"读书人"这个称谓几乎与"斯文"这个词语是等同的。何以这么说？郑逸梅（1895—1992）先生是一名教师，我平时喜欢读他的小品，

———————————

[1]　钱穆：《论语新解》，第204页。

有一篇《望书兴叹》，其中道出了读书与斯文和天道的关系，几乎就是读书人的命意所在，兹录于斯：

望书兴叹

我是爱书成癖的，教了一辈子的书，又写了一辈子的书，自幼至老，几乎是生活在书堆中。工作闲暇，总是捧着一本书阅读，甚至进食时，往往边吃边看书，临睡也在枕上翻阅若干页，直至手倦抛书，蘧然入梦。我认为不论春之朝，秋之夕，酒之后，茶之余，或雨晦风潇，或日煦景淑，都是读书的好时光。读未见的书，如得良友，见已读的书，如逢故人，这样沉浸其中，成为一个十足地道的"书呆子"。

我的卧榻即设在书室中，三面围着书橱、书架和书桌，手所触是书，目所接是书，这样便觉得心神舒畅，情趣安详。我坐拥百城，凡数十年，及浩劫来临，所有付诸荡然，丧失了我的第二生命，那是何等心痛啊！好得拨雾见天，光明重睹，我顿似伏枥的老骥，壮心不已。从前有人称俞曲园"拚命著书"，我却"拚命买书"，不但散失的书重行补买，更买了些我从前所未备的新书和再版的古籍。加之朋好所贻，各出版社所惠寄，积累复积累，书又盈室了，以致榻之下，屋之隅，一包包堆在地上。有人来访，笑着对我说："这真比陆放翁的书巢还要书巢。"我也笑答道："书堆在地上，可称斯文扫地。"

所深惜的，我有许多珍本和名人手稿本，和我的杂作散载在各刊物的剪贴本，及我早期所刊的单行本，这些都没有办法补偿，只得望书兴叹了。①

这是读书人的乐观，亦如孔子被围困于匡，经历浩劫，未能动摇读书人的心志，又将文化、教化充盈起来，如同"天之未丧斯文也"。郑先生文中的"斯文扫地"，有着读书人的自我揶揄，书可散落，矢志不渝。又譬如说自己是"书呆子"，这个呆意，若正大堂皇起来，岂不是孔子所说的"匡人其如予何"？

在教与学中，同道的朋友几乎都有些"呆"，最怕精明的文贼、书蠹，更有一类满口嗟呀某学校、学院挖掘人才惠赠多少金钱，其言辞不堪入耳，学生中也是朴实者成才的多，钻营未必能称心如意，可见学问通达天道确有其事。天道，在中国读书人的身上一定会彰显，《论语·卫灵公》记载的孔子的话"人能弘道，非道弘人"，即是说非以书本价值衬托人之能力。钱穆先生叹之曰："惜乎后之学者……歧说滋兴，而人之弘道之力因亦未能大有所发挥，洵可憾也。"②

---

① 郑逸梅：《小富则集而藏》，上海文化出版社，2015，第224~225页。
② 钱穆：《论语新解》，第375页。

五 文以载道

根据潘光旦先生考证，"文以载道"的观念古已有之，经《论语》便变得切实起来，但四字连用，最早还是见于朱熹注释周敦颐《通书》的"文所以载道，犹车所以载物"一句中。① 而文缘何载道？

我们以为道就是人生……《中庸》开头的几句说，"天命之谓性，率性之谓道，修道之谓教"。性是人生的根源，道是人生的表见，教就是文化，所以帮表见的忙的；换言之，性是人生的体，道是人生的用，教是此种用的剪裁润色。……不过剪裁润色的动力虽由自然供给，而剪裁润色的限度，除了死亡的最后一条界线而外，自然似乎并没有供给，至少并没有直接的供给，而是间接的假道于人的情理的能力来供给的。因此，就全部人类文明史看来，这剪裁与润色的权能好像是完全在人的手里，与自然很不相干；人类自己不察，也以为这权能真是他自出心裁的东西，往往不

---

① 参见潘光旦《自由之路》，第 18 页。

免滥用，结果……形成一个害道的局面，形成一个尾大不掉，危及人生的局面，其最终的结局是死亡……①

文教或文化有一个自然的限度，就是载道之人个体性的死亡，而如果"能弘道"的人们都随着历史逐一凋零，则民族的文化史也将式微。文化人如果仅以文字的剪裁润色为己任，任由发挥主观的权能，则去道远矣；而他能认识到人生的界限，即由死亡提交给他的一份使命，便又多少激发出某些本真的品格，对贯通人生、高于人生的另一层面的事情有了亲近感。无怪乎孔子言"朝闻道，夕死可矣"（《论语·里仁》）。这道是贯通人生的，并高于人生，在古人眼中，道甚至贯通世世代代的所有人生，故可以朝闻夕死，不畏存亡。

唐代诗人杜甫（712—770）《偶题》诗的第一句"文章千古事，得失寸心知"，意为文章须流传千秋万载，作者心里清楚文章的得失。

潘光旦也认为：

> 一篇好文章就是有位育②价值的文章，作者本人既因写作而增进了位育的程度，有同一情理之感的读者

---

① 潘光旦：《自由之路》，第21~22页。
② 位育，出自《中庸》"天地位，万物育"，潘光旦先生将其与英文中 adaptation 或 adjustment 之概念同等对待并应用，系指在生物演化的所有世代中皆得得安遂。

也因阅读而获取了同样的效果。好文章的所以百读不厌，所以能流传久远，就因为这层道理；就因为他能做人生的良好工具，能载比较中和完整与通达的道。

第二三流的文章以及各式程度的坏文章就不然。即就人生情理事物的四种境界而言，或抒情而不托于物，或说理而不切于事，或叙事而不绳以理，或状物而不寄以情……。感伤主义（sentimentalism）与浪漫主义的成分太浓的文章，即无病呻吟的文章，属第一类。诡辩的文章，故弄玄虚的文章，一部分形而上学的文字，属第二类。捏造事实的文字，攻讦诽谤的文字，小题大做而无意义的寄寓的文字，可以说属于第三类。……例如大部分的所谓社会新闻或黄色新闻。专门描摹光景的文字，堆砌着许多古典与成语的诗文，小品的所谓科学文字，小题的研究文字，可以说都属于第四类。小题的科学研究文字，虽有用途，究非文学，除了后来做同样研究的人加以参考而外，十之八九没有第二个人阅读，也没有人阅读第二遍，图书馆里汗牛充栋的旧的期刊里便满载着这种文字，极难得有人翻动。……最可怕的是专主情的文学家，专言心或专尚理的玄学家，或专主物的哲学家、以至于历史家与社会科学家，以道之一偏为道之全部，从而著书立说，劝世垂后……人生当然还有许多别的境界，例如天地人三才的境界，群与己的两个人伦的境界，过去、现在、未来三个时间上的境界等等，这些都是道的部分，任何部分都可以成为"学者"的阿私，主观的成为道的全部，而构成一种偏蔽与武断的学说以至于信仰。[①]

文章的价值在于使作者及其读者背负起人生整体的承载，亦即窥见到人生的根源，体察人生的表见。文章之教化乃是反哺这事的，也就在人与文之间形成了一个良好的循环。

文字被印于书籍中，人们每天能够触到的最薄的东西莫过于书页了，而在它的两面承载的是人生中或许最丰厚的东西。然而，在阅读中，常常遇见良莠不齐，即多重情形下的文字，或者于情、于理、于事、于物各执一端，非但不能位育，甚或连教育的功能都达不到，搅乱读者的情绪、品味、平等心、认知力，最甚者莫过于不通达之"学者"的文字。

从哲学学习的角度看，"学者"之称谓远不及"思者"。前者类似一个职业，用以营生，必得以文字为舟车；后者乃一种尊严，他可以不立研究文字，但命运般地离不开语言和精神，因为思想离不开语言和精神，思者因为他的思索，使语言与精神深刻化了，这便能够渗透在他的言谈举止、待人接物、天地观念之中。

如果学者们做的工作是通过引述或批评其他一些更重

---

① 潘光旦：《自由之路》，第 24~25 页。

要的学者所引述或批评的所谓思想，进而发表意见，则不免落入潘光旦先生所谓的"重台"一脉，即伺候婢女的婢女：

> 　　婢的婢叫"重台"，如今人生是夫人，一切广狭义的文都是婢，都所以侍候夫人的。如果狭义之文所载的既不是人生，而是人生的另一工具，其地位原与狭义之文相等，那岂不也成为一种"重台"，成为……一种扫地的"斯文"了么？①

潘光旦先生小像

---

　　① 潘光旦：《自由之路》，第 25 页。

郑逸梅、潘光旦都借用了"斯文扫地"一词,前者是褒义的揶揄,后者是贬义的警示,以期人文工作者均能去做"文以载道"之事。

国家教育青年,在着手之前,应当承认下列的三点。第一,我们不能不假定他是一个正在发育而尚未成熟的人。第二,就方法说,我们要将就其天赋的本质和发育的自然顺序,好比树艺,切忌揠苗助长。第三,就目的说,尽管一个青年在材质上有所偏注,我们却不能不力求补偏救弊,而期其终于变做一个健全与圆满发展的成人。至于什么才算健全与圆满的发展,我们至少可以引荀子的"以群则和,以独则足"的两句老话做一个标准。这三点是最基本的。

—— 潘光旦《自由之路》

六 思的品质

德国思想家尼采（1844—1900）在《查拉图斯特拉如是说》中也曾以相近的角度否定"学者"：

> 我的灵魂在学者们的食桌旁坐得太久，它饿坏了；我不像他们那样受过这种训练，像敲破胡桃壳那样敲开认识的门。
>
> ……
>
> 就像那种站在大街上张口呆看过往行人的人：他们也是这样守候着张口呆看别人想过的思想。
>
> ……
>
> 他们是能干的，手指很巧：跟他们的复杂相比，我的单纯能有什么作为哩！他们的手指对于穿线、编结、编织都很精明；因此他们在织着精神的袜子！①

思者的任务是直面精神，直接应对精神向他所抛出的问题，他的运思通过精神回应当下、历史、伦理、真理等

① 〔德〕尼采：《查拉图斯特拉如是说》，钱春绮译，生活·读书·新知三联书店，2012，第141~142 页。

多层次上的疑难，成为聚集光明（light）与启蒙（enlightenment）事业的居所，召唤各个时代的哲学家。因为"哲学是一种存在方式，经验世界的方式，真理的方式"①。黑格尔（1770—1831）说："从精神方面说来，我们正可以把哲学当作是最必需的东西。"②

学习哲学是幸福的，古往今来，哲学从未对人类说过谎话，每一时代的真正的哲学都应该是真诚的，虽然她无法脱开时代的限制。毋庸置疑，哲学是求真的学问。黑格尔同样也说过"凡是真的，只包含在思想里面"③ 以及"只有在思想里，一切的外在性都透明了、消失了；精神在这里是绝对自由的"④。

哲学的思的品质是单纯的，这种单纯毋宁说是纯净的或纯粹的，犹如纯金在烈火中锻造出来，淬炼掉一切杂质，方可能成为"足赤"，亦如大自然产出的优良的作物，如茶叶、稻米，只有在甚为干净的水土品质下才能涵养出精作之物。具有精神向度的人倾向于学习哲学，被看作好苗子，乃在于他有可能经历历练，经过寒暑，在困难与时间的辗转中脱颖而出。哲学并不需要精巧的打扮，不需要戴上帽子、穿上袜子，哲学是精神的烈火散射出的光。

德国哲学家马丁·海德格尔（1889—1976）曾将精神

---

① 陈春文：《回到思的事情》，第79页。
② 〔德〕黑格尔：《哲学史讲演录》（第一卷），贺麟、王太庆等译，商务印书馆，2019，第57页。
③ 〔德〕黑格尔：《哲学史讲演录》（第一卷），第11页。
④ 〔德〕黑格尔：《哲学史讲演录》（第一卷），第30页。

之所是指向"火",法国哲学家雅克·德里达（1930—
2004）对此评论道：

> 精神是火焰。一种去点燃着的或自行燃烧的火焰；
> 同时是二者，既是一个又是另一个，彼此相与。二者在
> 共燃（con *flagration*） 本身中的共燃（*con* flagration）。[①]

且不说德里达评论海德格尔思想的丰富内涵，仅就这
段话，即可看出精神所指与精神探索殊途同归。

我会因此想到古希腊哲学家恩培多克勒（公元前
484—前424），想到他神迹般的赴死。根据传说，正当庆
典，人们"像对神一样对他顶礼膜拜"，他却"纵身跳入
燃烧着的火山口消失不见了"，或有人说"午夜时他听到一
声巨响召唤恩培多克勒，于是他起身，看到天空中有一束
光，还有闪亮的灯，但别的什么都没看到"。[②] 虽然这个传
说在古代即遭到了反驳，遭到了其他文人的嘲讽，虽然我
们也多少不会信以为真，但如第欧根尼·拉尔修为此所作
隽语诗的头两句所言：

---

① 〔法〕雅克·德里达：《论精神》，朱刚译，上海译文出版社，2014，
第129页。此处引文的"共燃"一词前后分别强调了"燃"（flagration）
这个字与"共"（con）这个字，即引文中用斜体标记出来的部分。
② 参见〔古希腊〕第欧根尼·拉尔修《名哲言行录》，马永祥、赵玉兰、
祝和军、张志华译，第536页。对于此事的记载有多种不同版本，但
对于他慷慨融入烈火之中的说法是比较一致的。

恩培多克勒，你确实用明快的火苗清洁了身体，确实在那永恒的大碗（指埃特纳火山——引者注）中畅饮着烈焰。①

前文述及哲学之净化，此处"清洁"即可等于"净化"，主动在烈火中净化自身的形象，在哲学史上，以赴死的恩培多克勒为典型代表。如若是编撰，则编撰此事的人也是想借此来传扬一种"精神"，即那燃烧着的与点燃着的火焰包容高贵的人物与灵魂，即那烈焰之纯粹。

这个传说之所以是有震撼力的，能够让人过目不忘，乃是因为她切中思者之思，如春蚕吐丝。学习哲学是学习思想，并非一味学习牢记某些观念，学习如何启发自身勤学善思，通过不断地学习，常使自己处于思考的边界状态，除以读书为径，还要在人生中将书本上难以忘怀的记述转化为精神的支点，触类旁通，在未来行践中，酝酿出独立的品格。这虽然说起来浅显，做起来也至少需要十年时间，才浅有所获。自古如此，《礼记·学记》中记载："九年知类通达，强立而不反，谓之'大成'。夫然后足以化民易俗，近者说服而远者怀之，此大学之道也。《记》曰：'蛾子时术之。'其此之谓乎！"② 说的是同样的道理！

把人生融入思，诚为不易，有时又非单纯学习即能达

---

① 〔古希腊〕第欧根尼·拉尔修：《名哲言行录》，马永祥、赵玉兰、祝和军、张志华译，第538页。
② 参见《礼记》，胡平生、张萌译注，第698页。

到。自诩为光的尼采也遭遇了离奇之死，他的个体生命所标记的也正是精神。托马斯·曼这样为他定评：

> 哲学并非冷静的抽象，而是经历、忍受痛苦和为人类作出牺牲，这是尼采的认知和范例。他为此而被推上怪诞谬误的、终年积雪的高峰，但事实上未来才是他的爱之所寄的国度……他将作为一个具有温柔和可敬的悲剧性、为这个历史时代转折点的闪电投来的光芒所环绕的形象兀立于我们眼前。[1]

无论恩培多克勒或者尼采具有多么"温柔和可敬的悲剧性"，哲学家们正像闪电或火焰聚拢而来，环绕精神成为象征。

---

① 〔德〕托马斯·曼：《多难而伟大的十九世纪》，朱雁冰译，浙江大学出版社，2013，第209页。

蒙克《尼采肖像》，1906，瑞典斯德哥尔摩蒂尔画廊藏品

所有真正的悲剧都以一种形而上学的慰藉来释放我们，即是说：尽管现象千变万化，但在事物的根本处，生命却是牢不可破、强大而欢乐的。

——尼采《悲剧的诞生》

七　求学之难

　　精神不能当饭吃，确乎如此。我国近世无人不知之古典小说《西游记》第九十三回，写师徒四人在给孤园用斋：

　　　　茶罢摆斋，长老正开斋念偈，八戒早是馒头粉汤一搅直下。这时方丈却也人多，有知识的，赞说三藏威仪；好耍子的，都看八戒吃饭。沙僧见了，暗把八戒捏了一把，说道："斯文！"八戒着急，叫将起来说道："斯文斯文！肚里空空！"沙僧笑道："二哥，你不晓的，天下多少'斯文'，若论起肚子里来，正和你我一般哩！"①

　　《西游记》是用"斯文"一词较多的古典小说，尤其是此类情节，此段最为突出。这段文中，不论那"有知识的"还是"好耍子的"，皆看表面热闹，暗地里提醒之

----

　　① （清）刘一明：《西游原旨》（下册），滕树军、张胜珍点校，宗教文化出版社，2015，第 1041~1042 页。刘一明认为此情节是反讽，意寓天下读书人假斯文的多；我则将它看作写实，如八戒所急，斯文填不饱肚子。故沙僧的幽默似乎是在调笑天下斯文之饥馑，一笑！

"斯文"也管不得"吃饭",多少有些幽默。

《论语·泰伯》:"子曰:'三年学,不至于谷,不易得也。'"谷,禄也。① 谓学者多数为期不久,即将心思转到禄事,以学委贷,不计谷俸者为难能。谷俸即吃饭问题。求学固然要纯粹,但也非一定在饥饿状态下才做得学问,这二者之间存有志向问题,更多地是包含一个志向中"度"的问题,我认为最好的答案还是在柏拉图《斐德若》的结尾,苏格拉底对一位美好的青年文艺爱好者所说:

> "啊,敬爱的牧神,以及本地一切神灵,请保佑我具有内在美,使我所有的身外物都能和内在物和谐。让我也相信智慧人的富足,让我的财产恰好够一个恬淡人所能携带的数量!"斐德若,我们还有旁的祈求么?就我来说,我们祈祷的已经足够了。②

人文学科之所学即在塑造人的"内在美",或可以说"斯文",但确实会遇到"肚子"问题的袭扰、外在物的诱惑。固然我们如今生存在中国历史上物质生活最丰裕的时代,所遭遇的窘境比之古人微弱许多,但志向之内外欲求,就普遍的求学环境而言,尚不容乐观,即便在大学里,基础学科的学生如若要其三年之内矢志不渝,不过多地考虑

---

① 参见钱穆《论语新解》,第 191 页。
② 〔古希腊〕柏拉图:《柏拉图文艺对话集》,朱光潜译,商务印书馆,2013,第 164 页。

将来走向社会的出路问题，也是一件难事。

求学于精神，多不在于果腹，有真知的人亦期待它能"治病"。钱穆先生回忆幼年读《孟子》之经历，一段设喻一生难忘：

> 七年之病，求三年之艾①，苟为不畜，终身不得。② 这是一般设想的譬喻。他的大意是说，一个人已犯了七年的病，而他的病却非储藏到三年之久的艾，不能灸治。但是问题便在这里。倘使此人事前并没有蓄藏三年之久的艾，我想他那时不出三个办法。一是不惜重价访求别人家藏三年之艾的，恳求出让。但是此层未必靠得住。……第二个办法是自己从今藏起，留待三年再用。……第三办法是舍却艾灸，姑试他种治疗……

> 我时时想起这一段譬喻。我想那病人该悔到以前没有预藏此艾，现在开始藏蓄，虽知有十分可靠的希望，但是遥遥的三年，亦足使他惶惑疑惧，或许竟在此三年中死去。……

> 我想一大部分病人，似乎走第三条路的多些，走第一条的亦有，决意走第二条的要算最少。因为那七年病后的再来三年，实在精神上难于支持。然而孟子却坚决的说，苟为不畜，终身不得。他的意思，似乎

---

① 即艾草，又名艾蒿、灸草等。

② 语出《孟子·离娄上》。

劝人不管三年内死活，且藏再说。我不由得不佩服孟子的坚决。

……

这是一件怪动人情感的事。我不知别人是否如此想。病是十分危笃了。百草千方胡乱投，那艾却闲闲在一旁，要在此焦急中耐过此三年。艾乎艾乎！我想艾而有知，艾而有情，确是一件够紧张亦够沉闷的事。①

陈艾可治久病，虽是譬喻，此中"三年"也非虚设，孔子讲"三年学"，如《学记》中亦言"三年视敬业乐群"②，在专业上花费三年的专一工夫，做足"预藏"的功夫，才能初步建立对所学之事的虔敬、恭心、信念，以至消除疑惑隐患。

青年为学，未必就如他的嫡亲师长所希冀想象的，具有未来无限的可期许性、可塑造性，青年自有青年的隐疾。潘光旦先生以为中国青年之病在少年老成，"思想与行为的'稳妥'，生活的能刻苦，肯用功，与善打小算盘等等"③，与如今大学里的青年也相似，他们历来被师长们教育应该如此。如无独立之渴望，进而有一份魄力，有一份激情，单单追求在学业上的出身、出路，即便最优秀的青年也难

---

① 出自《病与艾》。参见钱穆《文化与教育》，第159~161页。
② 《礼记》，胡平生、张萌译注，第698页。
③ 潘光旦：《自由之路》，第106页。

在求学道路上赢得精神与理想的眷顾。

　　大学办得好，它选些好青年出来，办得不好，结果自然是适得其反。从事大学教育的人自以为能"得天下英才而教育之"①，那只是一句妄自尊大的说法罢了。大学最大的效用在能够不埋没英才，就是在能选择。不幸的是，我们距离这种效用还远得很。目前的大学教育所能给青年的最多是一个较好的出身，一个较好的职业的准备。换言之，大学的所以为一个筛子，事实上只有这两个窟窿，一是出身，二是出路，喜欢混一个出身找一条出路的青年自然会进入这个筛子，也容易在那两个窟窿里钻出来，否则不是不进筛子，便是半途而废，而斤斤于出身与出路的青年，便是一些老成有余而理想不足的青年。目前的大学既只能就出身与出路给些方便，揆诸供求相应的原理，它所能选择与交付给国家社会的人才也只好是一些切心于出身与出路的分子了。②

　　出身与出路亦仅是谋求干禄。青年们如果在选择大学时普遍追求名校效应，选择专业时追求功利效果，那么当今社会中，像哲学这样的专业就会处于劣势，非强势哲学

①　语出《孟子·尽心上》。
②　潘光旦：《自由之路》，第 107 页。潘先生明言此种问题不仅出现在中国，也出现在美国，主要是大学招生制度所带来的。

教育传统的学院或大学也会在教育英才方面捉襟见肘；又如果大学不能依托基础性的人文学科弘扬大学精神，把青年们的注意力引导到更高的目标上去，而一味地强调就业率或升学率，少年老成的稳妥、刻苦、用功、善打小算盘就会长久地变成他们的目标，如此一来，何言在教育中追索爱与智慧呢？在进入大学之前，学子们因以进入大学为奋斗目标，已经养成多年的少年老成的病，是不是能够由大学之精神而给予他"三年之艾"的等待或坚守的勇气呢？

我常以玩笑话向学生们提一个问题：是从哪里起源的"上学"这种说法？从小学到中学，然后再到大学，大学中还有学位制度——它的合理性姑且不论——而很多念了普通大学学士学位的学生就一心想去争取名校的硕士学位或博士学位，也是一路"上"去，"上"到最高地步，再回过头来看看所学到的，是否有自信说自己因而有独立之精神、志业之鹄的了呢？《论语·宪问》有孔子所说"下学而上达"的话，学乃为"下"之沉潜，能做到沉潜至人间诸事无不是"学"，自然上达天听、达乎天命，或曰通达于道。钱穆先生对此评曰"一部《论语》，皆言下学。能下学，自能上达"[1]者是也。另有孔子所谓"君子上达，小人下达"之语，如若我们求学，终极是为了求出身求出路，虽是"上学"，岂不成"小人"？《学记》中说"故君子之

① 钱穆：《论语新解》，第345页。

于学也，藏焉，修焉，息焉，游焉"①，上学并非一味"上发条"，一味登梯览胜，而要在休止符上也奏响起音乐来，困顿中也熏陶出香气来，三年藏艾，一世修身，有行有止，广阔悠游。

---

① 参见《礼记》，胡平生、张萌译注，第 701 页。

八　精气神

汉语中"精神"二字最常见于道家，且精、气、神分言之，谓之"三全"，指人在身体方面能够达及神完气足之境。此精气神的用法散见于《老子》。到了《庄子》，则有"水静犹明，而况精神"（《天道》）、"澡雪而精神"（《知北游》）、"独与天地精神往来"（《天下》）等名句，不仅使这个词具有了智性品格，而且有了用法上的独立性、"精神性"。西汉《淮南子》卷七篇名《精神训》虽说亦见二字连缀，其内容则多是摘取《老》《庄》文采，黼黻成章。"精神"之本或在三全之中，至少到了明代，如董其昌（1555—1636）《骨董十三说》凡两次用到这词，则具备以上两种意涵。其一"焚膏继晷，穷日夜之精神"[1] 处，意在人身之精与神的损耗；其二"先王之盛德在于礼乐，文士之精神存于翰墨"[2] 处，则指代品质之超拔，与如今我们所言自然之精神、文化之精神、人格之精神的意义便相同了。

---

[1] （明）董其昌：《骨董十三说》（与周高起《阳羡茗壶系》合刊），中华书局，2012，第145页。

[2] （明）董其昌：《骨董十三说》，第191页。

　　清代道学大师黄裳①将孟子"得天下英才而教育之"的话贯穿在设言立教的活动中，其弟子集循循善诱、拳拳之忱之师语，录就《乐育堂语录》一书，其间对精气神的提点可谓不刊之论，后世往往将其看作仙学书，而我是将它看作伦理学的。"是知人有一分德，即有一分道，有十分德，即有十分道。若无其德，至道不凝也。是炼道者，炼此仁慈而已矣。"② 道家之所以求仙，无外乎看明了人在身体上、寿命上、社会生活上的局限，无往而不在枷锁之中，遂逐渐生成向往永生的理想，归属大自然、宇宙间的渴望。在古老的文化传统中，不仅仅在中国，人类于此方面的理想，是从来不曾缺场的。德国哲学家马克思·舍勒（1874—1928）据此辨析言道："只有压抑死亡理念，把它排除出清晰的关注意识的区域，人的具体的利益行动才具有'严肃性'、分量和意义。"③ 殊途同归，不论哪种传统所具有的永生观念，都要求人的在世生活、日常里的道德交往具备向善的属性，有理智的为善是通向超越的现实化的道路。所以从哲学角度来看，诸如《乐育堂语录》这样的文献，它所提出的对人的伦理道德的要求，实际比所谓任何一种流行的伦理学所要求的都更加严苛，理想性更高。

　　中国人喜欢将"精气神"三个字用作形容词，表示某

---

① 黄裳，字元吉。《易·坤》："六五，黄裳元吉。"
② （清）黄裳：《乐育堂语录》，上海古籍出版社，1990，第28页。
③ 出自《死与永生》一文。参见〔德〕马克思·舍勒《爱的秩序》，孙周兴等译，北京师范大学出版社，2014，第27页。

事、某物、某人能够出类拔萃，我认为，"哲学人"就应该是代表传统之"精气神"的一个位格载体。这便如黄裳所指破的：

> 夫道之所在，即天之所在。道之发皇，即天之春风流行。焉有斯文在兹，而犹令其室家啼饥号寒，受穷遭厄者乎？无是理也。况斯文在兹，天心默契，即一乡一邑，鸟兽草木，幽明人鬼，亦无不包涵遍覆。[1]

此处出现两个"斯文"，说得甚有骨力：一种心灵的健康，带给寻常百姓、天生万物以皇祜。

精气神向往的是健康，人的精力化为身躯之茁壮，人的气力化为文字之昭彰，人的神力化为民族之兴旺。有力量的文字是有文气的，智慧亦然。蝇营狗苟般私心之文字则贻害身心，黄裳将没有元气的思虑智谋称为"邪火"：

> 今之思虑不息，智谋日多，此是知觉之心，在人谓之智慧，而吾道家则目为邪火。何也？有思虑灵巧，即有营营逐逐之私心。有此私心，得之则喜，失之则怒，怒为邪火，为身心之害者大矣。[2]

我最敬佩的是黄裳字里行间流露的作为一名"老师"

---

① （清）黄裳：《乐育堂语录》，第 253~254 页。
② （清）黄裳：《乐育堂语录》，第 60 页。

的良心，苦口婆心，恨不能代学生入超然之境，而往往又有些怅然。他所遭遇的时代与上文所述"副刊时代"的区别甚至不大，请阅以下文辞便知：

自古师尊传道，鲜有如吾今日之单传直指，必抉至十分透彻，不留一线余蕴者。是岂前圣之不能传哉？亦由时势之各异耳。迄今人心陷溺，世道浇漓，大道之微，存者几希。世教之坏，危于累卵。其沉溺于记诵词章者无论矣。即有笃志圣学，身体力行，直至三五年之久，不得真乐。甚有童年讲学，皓首茫然，而不知其底蕴，尝其旨趣者。虽由习染既深，锢蔽日久，后天气质之性，物欲之情，竟视为固然，而要皆由于教养之大坏，不得其真际有以致之也。或曰，四书五经之解，诸子百家之注，迩来汗牛充栋，较前代为过焉，乌得谓教之无术？府厅州县之学校，党庠术序之师承，当时遍满天下，较古昔犹多焉，何谓养之无所？呜呼！是不知道之所以然。虽读尽五车无益也。不明教之所从来，虽讲席万座，何裨焉！故言愈多而道愈晦，师愈繁而教愈纷矣。夫以其无承道之人，影响之谈，依稀之论，非徒无益，而又害之。俗云：要知前途三叉路，到此须问过来人。知不真者，虽多言而何益？行不至者，纵明示而皆非。以故世衰道微，上下皆驰于名利之场，鲜有知仁义之德，是吾人真乐地者。嗟乎！道之不行，由于道之不明，亦因道之不明，愈见道之不行。①

　　所学不在所言，言多无益，教授学问也不在教师资源的多寡，师繁教微。人文科学的特点，在其人即其文，其文即其人②，精气神是最好的体现，能够潜移默化地吸引及影响到真诚的生命。如今文献虽积累如山，学校虽也遍地，若无斯文天道之荫，谈何教育？学问之精神可以导向健康，导向幸福，学者们假若肝脑涂地，惠济天下英才，做到古人最器重之"慎独"功夫，全民的道德教育也可以近在眼前，使教育通于教化。终是清流作清风。

①　（清）黄裳：《乐育堂语录》，第 107~108 页。
②　钱锺书在《管锥编》"全梁文卷一一"中讲道："'文如其人'，老生常谈，而亦谈何容易哉！虽然，观文章固未能灼见作者平生为人行事之'真'，却颇足征其可为、愿为何如人，与夫其自负为及欲人视己为何如人。"参见钱锺书《管锥编（四）》，生活·读书·新知三联书店，2019，第 2158 页。

九　希腊性（Hellenity）

　　古希腊是人类历史上的一股清流，它既是哲学的起源地，也是健康与幸福的源头。尼采写道：

　　　　如果一个人冀望兀然自立，在自己周围筑起自足的篱笆，那么，哲学总是准会使他更加孤立，并且让他在这孤立中给毁掉。……而能让哲学充足完备的，就只有一个民族（但不是每个民族）的健壮体魄而已。

　　　　……Hellas——希腊，作为真正的健康人，它的民族从事哲学，而且从事此中，较诸其他任何民族要多得多；他们就此为哲学作了一劳永逸的辩护。……

　　　　另一方面呢，希腊人倒懂得适时而始，并且比其他任何民族更为明确地演示了，必须怎样开始从事哲学。也就是说，不是等到悲苦之时，象某些从郁闷心境中推演哲学的人所臆断的那样，而是在幸福之时，在成熟的成年期，从勇敢常胜的男子气概的兴高采烈中迸发出来。①

---

① 〔德〕尼采：《希腊悲剧时代的哲学》，周国平译，商务印书馆，1996，第 4~5 页。

在尼采看来，从事哲学给希腊这个民族带来了健康，同样，让希腊人幸福。换句话说，哲学在希腊，充溢着完满的人的形象，如健壮的体魄、健全的心灵，似乎"人"从古希腊哲学中走出来了，走到每一个会在历史中出现的民族身边，夸耀他永不衰竭的青春活力与求真精神，体现了希腊人的"精气神"。陈春文先生说："德国思想家尼采没有追究古希腊人的所谓哲学概念，而是为了体会古希腊人存在的活力、悲剧的激情和命运执着地追问那个狄奥尼索斯（Dionysos）①。这个狄奥尼索斯的意义在于，通过它我们去听古希腊人存在的声音，而不是去念古希腊人存在的文字。"②

若按历史的发展来看，以哲学方式存在的古希腊③时限很短，似乎只达到一个人将及成年的阶段——不像中华民族这样生生不息，跨越几千年——但古希腊留下的思想和精神的财富，对于我们而言，也可以像交朋友那样，与之深入恳切地交谈。若按当时人文地理的观念而论，古希腊早期已经通过海洋，具备了活跃的"世界"

---

① 狄奥尼索斯是古希腊神话中酒神的名字，在尼采看来，酒神精神象征着一种永恒快乐。"狄奥尼索斯艺术同样也要使我们坚信此在的永恒快乐：只不过，我们不应该在现象中寻求这种快乐，而是要在现象背后来寻求。"（〔德〕弗里德里希·尼采：《悲剧的诞生》，孙周兴译，上海人民出版社，2018，第145页）

② 陈春文：《回到思的事情》，第36页。

③ 我用这个模糊的表述来指代迈锡尼文明影响渐微，米利都学派兴起，直至希腊化时期之前，即古希腊世界的全盛期，大约在公元前8世纪至公元前4世纪末，它的特点乃在于：关于人类社会所建立的各种制度全方位地开始渗透理性思维。

的理念,① 在城邦与城邦之间,并非像现今的国与国之间保持严格的警戒,而总是文化生活的冲突与融合,磨炼人的品质,提高人的成熟程度,这些都是在他们的日常生活中完成的。② 哲学家汉娜·阿伦特(1906—1975)曾说过:"从严格意义上讲,城邦(*polis*)并非指自然地理上的城市联邦,而是一种人类组织,它源于人类的语言和行动,而且无论人们在哪里,为了形成组织这一目的,将共同生活的人们联系在一起。"③

---

① "依靠近海航行——更容易理解的说法是航海贸易(*cabotage*),资源的再分配系统存在了许多世纪。但是根据迈锡尼时期地中海西部地区与爱琴海地区交往过程中对大量物资进行的分配显示,许多航海活动的路线变得更长了。在迈锡尼和希腊殖民地之间,远距离地区的商业开始在勒夫坎狄地区兴起,这证实了航海活动的距离变得更远。这样一个生态学观点自然应该十分迅速地回应这股被强化的推动力,这股推动力由船长和水手从黎凡特的港口向西传播。这个回应明显是席卷了爱琴海世界的航海活动在规模和复杂性方面进行的扩张,而且这次扩张以更加复杂的形式将东西方社会联系起来,我们觉察到这种联系出现在公元前 8 世纪。"(引自尼古拉斯·普赛尔《迁移与城邦》一文,参见〔英〕奥斯温·默里、〔英〕西蒙·普赖斯《古希腊城市:从荷马到亚历山大》,解光云、冯春玲译,商务印书馆,2015,第 40 页)

② "在古风时期(一般指公元前 8 世纪至前 6 世纪——引者注)的希腊贵族城邦中,参与一系列集体活动是公民属于公民集体的标志,当然,这不是判定拥有公民权的唯一要素。因此,参加祭仪和会饮,进行集体狩猎、探险,加入公民兵继而成为重装备步兵,参加合唱团、葬礼及公民大会等,都是成为一名公民所要经历的活动。"(引自宝琳·施密特-潘黛儿《希腊城邦的集体活动与政治》一文,参见〔英〕奥斯温·默里、〔英〕西蒙·普赖斯《古希腊城市:从荷马到亚历山大》,解光云、冯春玲译,第 204 页)

③ 转引自奥斯温·默里《理性的城市》一文,参见〔英〕奥斯温·默里、〔英〕西蒙·普赖斯《古希腊城市:从荷马到亚历山大》,解光云、冯春玲译,第 1 页。

我们可以将古希腊看作一个开放的世界，一个泛希腊的政治和经济的双效框架①，而人们聚居其中。然而，什么得以开放？——首先是政治话语②，古希腊人于此便熟悉了逻各斯③之应用；然后是社会生活的公共领域④，接下来便是知识⑤、

---

① "到公元前6世纪末，在农业区域不再扩张的情况下，希腊人为持续增长的人口解决了供给问题。其方法是把希腊世界的经济结构从极小的封闭式单位的集合——每个由一个独立的城邦构成——转变为一个经济的联合体。这个联合体不仅包括希腊世界本身，还包括其他大多数区域；它们环绕地中海和黑海的沿岸，500年后都将属于罗马帝国政治版图。……经济革命使城邦在经济上相互依赖……允许出现一些泛希腊的政治框架，同已经持续兴盛的泛希腊经济制度相匹配。"（〔英〕阿诺德·汤因比：《希腊精神——一部文明史》，乔戈译，商务印书馆，2015，第61页）

② "首先，城邦制度（城邦制度的成熟即在古风时期——引者注）意味着话语具有压倒其他一切权力手段的特殊优势。话语成为重要的政治工具，国家一切权力的关键，指挥和统治他人的方式。……它要求说话者像面对法官一样面对听众，最后由听众以举手表决的方式在论辩双方提出的论点之间作出选择；这是一种真正由人作出的选择……"（〔法〕让-皮埃尔·韦尔南：《希腊思想的起源》，秦海鹰译，东方出版中心，2021，第73~74页）这是城邦的第一个特征。

③ Logos，在哲学概念中一般音译为"逻各斯"，它是语义最丰富的词语之一，代表话语、话语的形式、规范、分寸，甚至于言谈与论辩中体现出来的知性或理性本身，亦是"逻辑"（logic）的前身。

④ "城邦的第二个特征是，社会生活中最重要的活动都被赋予了完全的公开性。我们甚至可以说，只有当一个公共领域出现时，城邦才能存在。……这种公开化的要求使全部行为、程序和知识逐渐回到社会集团的手中，置于全体人的目光之下……直到向全体平民开放，而希腊文化正是在这样一个过程中形成的……"（〔法〕让-皮埃尔·韦尔南：《希腊思想的起源》，秦海鹰译，第75页）

⑤ "知识、价值和思想技巧在变为公共文化的组成部分的同时，也被带到公共广场上去接受公众的批评和争议，它们不再被当作权力的保障而密藏在家族传统中，它们的公开化引来了各种各样的注解、阐释、反对意见和激烈争论。"（〔法〕让-皮埃尔·韦尔南：《希腊思想的起源》，秦海鹰译，第75~76页）

文字①与智慧准则②。开放性体系中的每一个人都是平等的③，在平等的基础上，人类古代社会第一次缔造出自由人。④ 惟

---

① "希腊的文字是向腓尼基人借来的，并经过改造，以便更准确地记录希腊语的语音。这种文字之所以能够满足公开化的功能，是因为它几乎像口语一样变成了全体公民的共同财富。"（〔法〕让-皮埃尔·韦尔南：《希腊思想的起源》，秦海鹰译，第76页）

② "当某些个人也决定运用文字将自己的知识公之于众时，他们或者采用书的形式……或者采用碑刻的形式……。他们这样做不是为了让别人了解个人的发现或意见，而是希望把这些启示'置于中间'，使它们变为城邦的共同财富，变为一种像法律一样适用于所有人的规范。通过这样的传播，他们的智慧获得新的实在性和客观性，本身就构成了某种真理……"（〔法〕让-皮埃尔·韦尔南：《希腊思想的起源》，秦海鹰译，第77～78页）

③ "除了我们上面提到的两个特征——话语的威力和公开活动的兴起，城邦的精神世界还有另一个特征：那些组成城邦的公民，不论他们的出身、地位和职务有多么不同，从某种意义上讲都是'同类人'。这种相同性是城邦统一的基础，因为对希腊人来讲，只有'同类人'才能被'友爱'联系在一起，结合成一个共同体。这样，在城邦的范围内，人与人的关系便表现为一种相互可逆的形式，取代了服从和统治的等级关系。所有参与国家事务的人都被定义为'同类人'，后来又以更抽象的方式被定义为'平等人'。"（〔法〕让-皮埃尔·韦尔南：《希腊思想的起源》，秦海鹰译，第85页）

④ 美国学者伊迪丝·汉密尔顿在评论古希腊悲剧作家埃斯库罗斯（公元前525—前456）以及历史学家希罗多德（约公元前480—前425）的著作时说："《波斯人》一剧是埃斯库罗斯为了庆祝希腊人在萨拉米斯大败波斯人而作的，剧中有许多地方表明希腊和东方的不同之处。波斯人禀告他们的女王说，希腊人都是自由人，他们参加战斗是为了保卫他们所珍视的东西。他们没有主人吗？女王问道。回答说，没有。没有人把希腊人称作奴隶或佃农。希罗多德在他的史书中也写道：'他们只服从法律。'我们可以从这句话中看到一种全新的东西。自由的信念开始萌生了。……个人在城邦中是自由人，他出于自愿来保卫城邦。仅仅靠昂扬的精神和强健的体魄不足以产生这种变化。在希腊，另有一种力量在起作用。人们开始独立思考。"（〔美〕伊迪丝·汉密尔顿：《希腊精神——西方文明的源泉》，葛海滨译，辽宁教育出版社，2003，第16页）当然，古希腊是有奴隶存在的，但此处的解释在乃于：一般理性化的作品是不认同奴隶观念的。

此才能够共同享有 "精神"①，柏拉图曾将之总结为四种美德：公正、智慧、勇敢、节制。② 法国古典学思想家让-皮埃尔·韦尔南（1914—2007）认为当时的古希腊人已经成为这样一些人：

> 人们现在崇尚的是一种节制、谨慎、朴素的思想，一种近乎苦行主义的严厉的生活作风，它能消除公民之间在习俗和地位上的差异，使他们更容易相互接近，像家庭成员一样团结在一起。③

Hellas（希腊）的原义即是这样的人们对其政治生活与社会生活所形成的语言优势及文明程度所给予的自我褒奖，其内涵为文雅的语言操持者，生存在 "光明之地"，与 "野蛮人" 相区别。能与野蛮相区别的，便只有通过理性，去过哲学生活。意大利思想家维柯（1668—1744）这样向人们宣称：

> 如果我们要谈论希腊，那么就要考虑这个因素，即

---

① 精神的一个作用是排斥一切的狂妄自大。"这种精神状态……表现在社会生活的所有方面，标志着城邦历史上一个决定性的转折。现在，城邦开始摒弃传统的贵族行为，即那种崇尚名誉、强调个人和氏族的权力、把个人和氏族置于大众之上的倾向。"（〔法〕让-皮埃尔·韦尔南：《希腊思想的起源》，秦海鹰译，第 88~89 页）

② 对于四美德的探索集中呈现于《理想国》这部伟大著作中。

③ 〔法〕让-皮埃尔·韦尔南：《希腊思想的起源》，秦海鹰译，第 89 页。当然韦尔南也考察了斯巴达的情况，认为它所保留的旧制度未能为古希腊世界的文明进步提供助力，但始终作为另一种提醒，同样具有积极性。

在希腊只有哲学家才是最绝对的大学。因为希腊人运用的语言是他们自己的古希腊语，这种语言是如此的源远流长、枝叶繁茂，以至于不仅在处于核心的所有社会生活方面，而且在各门科学和艺术最隐晦的方面，他们都能用无比文雅的词语，同等优美而轻易地表达。他们将自己的法律给予外邦的要比他们从外邦吸取的多得多。由于这些事实，他们自视比其他的民族都要优越，以至于一开口就充满自豪地问别人道："你是希腊人，还是野蛮人？"他们认为他们处于世界各民族的中央，是最优秀的民族。① 除了上述优势之外，他们还把唯一的哲学作为所有科学艺术的母亲、助产婆、乳母来加以培育；关于这种哲学的讨论，他们不是依照从其他科学得来的权威，而是按照事物本身的论证〔来获取真理〕；这样做是对的，每一个哲学家都将所有神的事物和人的事物把握于自身之内，并且学者们都应该仅仅按照哲学家的要求，来学习掌握在国家政治中应该知道的东西。②

之所以说当时的希腊优秀，就是因为在公民生活方面，他

---

① 我们可以设想，任何一个伟大民族的昌盛，一定与它当时所使用的优美的语言有极其必然的联系，如在汉、唐时期，中华民族的伟大也体现在乐府、唐诗中，语言之美不仅仅是一个人在表达时所携带的那种荣光，同时也应是全民族的荣耀。我们中国人也曾经或者一度认为我们是最优秀的民族，然而优秀的民族需要优雅的语言，开明的语言的更新与创造。这是人文学科不论古今中西的同一标准及要求。

② 〔意〕维柯：《大学开学典礼演讲集》，张小勇译，上海人民出版社，2019，第168～169页。

们显然被哲学的力量支撑和引导着，而理性思考虽然不能带来直接的生活收益，不能满足人欲之所求，有时候甚至是严苛的和冷清的，似于苦行——真实的思考并非一件简单事，却给他们带来了极大的快乐。柏拉图在《理想国》卷九中说道：

> 因此我们可以有把握地作出结论：如果爱利和爱胜的欲望遵循知识和推理的引导，只选择和追求智慧所指向的快乐，那么它们所得到的快乐就会是它们所能得到的快乐中最真的快乐；并且，由于受到真所引导，因而也是它们自己固有的快乐，如果任何事物的最善都可以被说成最是自己的话。……
>
> ……
>
> 因此，如果作为整体的心灵遵循其爱智部分的引导，内部没有纷争，那么，每个部分就会是正义的，在其他各方面起自己作用的同时，享受着它自己特有的快乐，享受着最善的和各自范围内最真的快乐。[1]

这里最真的快乐即是指爱智的快乐，也是最善、最佳、最好的快乐，而其他方面也因为爱智的快乐而均匀、审慎、质朴地获得了属于它该有的快乐，比如人的欲望的快乐，一种出于节制的快乐。智慧所给予的快乐，也与希腊人享受的正义而公开的城邦环境彼此通达，他们为各个时代、

---

[1] 〔古希腊〕柏拉图：《理想国》，郭斌和、张竹明译，商务印书馆，1986，第377页。

各个民族的人类树立了榜样，永远充溢着青春活力的榜样，永远勇敢前行的榜样。① 柏拉图最重要的学生、古希腊最重要的哲学家亚里士多德（公元前384—前322）认为："快乐可使现实活动成为完美的，它不是作为一种寓于其中的品质，而像是一种天生的伴随物，它使活动完美正如才华之于青春。只要是一方面有被思想的东西、被感觉的东西，另一方面有判别力和思辨力，那么在活动中就将有快乐存在。"② 伴随着快乐的希腊人未必没有现实的痛苦，未必没有丝毫的不稳定，比如战争，未必没有能力感觉到它们的伤痕及冷酷，③ 却能学习承担，从一颗纯净的民族心灵里将

---

① "在这个世界上，希腊人是最先开始游戏的人，而且他们的游戏活动有相当大的规模。在希腊，到处都有各种各样的体育比赛：赛马、赛船、火炬接力赛；音乐比赛，通常是赛歌……那些表现这各种比赛的雕塑是我们非常熟悉的，比如掷铁饼者、马车手、摔跤手，还有那个舞笛表演者。定时举行的大型比赛一共有四次，这些比赛对所有的希腊人来说都非常重要，所以进行比赛的时候，他们都要以神的名义宣布停战，以使全希腊的人都可以无所顾忌地、安全地参加比赛。……假使我们对希腊人再没有别的了解，假使希腊的艺术和文学成就荡然无存，我们仅仅知道希腊人喜爱游戏而且他们大规模地游戏，就可以知道他们是怎样生活的，他们又是怎样看待生活的。"（〔美〕伊迪丝·汉密尔顿：《希腊精神——西方文明的源泉》，第12—13页）可见，希腊人的游戏并非玩耍，而在于培养人的意志与精神。

② 出自亚里士多德《尼各马可伦理学》，《亚里士多德全集》（第八卷），苗力田主编，中国人民大学出版社，1992，第220页。

③ "没有经验过真实的人，他们对快乐、痛苦及这两者之中间状态的看法应该是不正确的，正如他们对许多别的事物的看法不正确那样。因此，当他们遭遇到痛苦时，他们就会认为自己处于痛苦之中，认为他们的痛苦是真实的。他们会深信，从痛苦转变到中间状态就能带来满足和快乐。而事实上，由于没有经验过真正的快乐，他们是错误地对比了痛苦和无痛苦。"（〔古希腊〕柏拉图：《理想国》，第374页）

它们转化为大众生活所需要的冷静的思考，转化为理想，从而学会去做英雄。

尼采在《快乐的科学》里写道：

> 谁若懂得把整个人类的历史当作自己的历史来感受，他就能以一种惊人的普遍化方式，感受到所有那些悲伤，那个想念健康的病人的悲伤，那个怀念青春梦的老人的悲伤，被所爱者夺爱的恋人的悲伤，理想毁灭的殉难者的悲伤，战后黄昏的英雄的悲伤……；然而，如果人们承受了，而且能够承受这巨量的形形色色的悲伤，同时却还要成为一个英雄，这英雄要在第二次战役开始时欢呼曙光及其幸福，成为一个具有过去和将来千年之视野的人，成为过去一切精神的所有高贵性的继承人和负有责任的继承人，成为所有旧贵族的最高贵者，同时也是一种新贵族的头生子（其同类尚未看见和梦想到任何一个时代）：如果人们把这一切都纳入自己的心灵，最古老的东西、最新的东西、各种损失、希望、征服、人类的胜利：如果人们最终在一个心灵里拥有所有这一切，把这一切集中在一种情感之中：——这必定会得出一种迄今为止人类尚未认识到的幸福……充满权力和爱，充满眼泪和笑声，一种幸福，就像黄昏的太阳，不断地将其不可穷尽的财富赠送出来，倾注入大海之中，而且就像太阳一样，只有在最贫困的渔夫也以金色的桨划船时，才觉得自

己是最富有的！那就可以把这种神性的感觉叫做——人性！①

对人类生存处境的感同身受②便促使一个人或一个民族在承受悲痛与充满幸福的世事中成长为闪着金色光芒的人或者人性的代言者，毋宁说这个人或者这个民族的人性实乃一种神性。在德国诗人荷尔德林（1770—1843）眼中，古希腊人，或者说全盛时期的古希腊人，以雅典人为代表的古希腊人，其本身就是人性与神性结合的典范。在小说《许佩里翁或希腊的隐士》中，他认为雅典人宛如青春常在的童年或少年，而最好不要打扰这种状态，任其自然地成长为"人"，成长为神性的人：

---

① 〔德〕弗里德里希·尼采：《快乐的科学》，孙周兴译，上海人民出版社，2022，第310页。

② 希腊的理性传统并非凭空诞生，它经历了对迈锡尼主权文化、古代战乱、军事贵族、宗教特权等历史事实的反省追思，才一点点唤醒了人类智慧的雏形。韦尔南谈到当军事贵族中的名门世家垄断了宗教权力，而这些彼此相互对立的力量不免发生剧烈冲突，"为了在这些力量之间寻求平衡和协调，一些道德思考和政治思辨便在这个动乱的时期里产生了，这些思考和思辨确立了人类'智慧'（sophia）的雏形，它自公元前7世纪初开始出现，与之相联系的是一批相当奇特的人物，他们笼罩在传奇般的光环中，一直被尊为希腊最早的、真正的智者。他们的思考对象不是自然（phusis）宇宙，而是人类世界：人类世界是由哪些部分构成？哪些力量会使其内部出现分裂？如何统一协调这些力量？怎样在冲突中建立城邦的秩序？这种智慧是一段漫长、艰巨、坎坷的历史的产物，曾受到各方面因素的影响，但它从一开始就摆脱了迈锡尼人的主权观念，选择了另一条道路"。（〔法〕让-皮埃尔·韦尔南：《希腊思想的起源》，第61页）

雅典人是如此自由地不受任何一种强制的影响，如此适宜地生长在衣食合度的环境中，这使得他们如此优秀，并且只有这能够造就他们！

让人们从摇篮时起就不受搅扰！不要把他从生命的紧紧合一的花蕾里，从童年的小屋中赶出来！……简言之，让人以后才知道身外有人，身外有物，因为只有这样他才成为人。一旦他是个人，这个人就是一位神。如果他是神，那么他是美的。①

这不禁让我们想起至今流传下来的两句德尔斐神谕："认识你自己"和"凡事勿过度"。虽然是假神明之口颁布，谈论的却是"人"：人如何才能够青春永驻，人如何才能够是美的——不断追求内省的人不会缺乏活力，懂得顺应中道的人不会丑陋。

歌德曾对友人说，我们应该永远学习古希腊人；②尼采则言："如果说德国精神懂得不懈地只向一个民族学习，那就是向希腊人学习，而能够向希腊人学习，这毕竟已经是一种崇高的荣耀，一种出众的珍品了。"③然而，向古希腊人学习什么？综上所述，各民族都应该学习他们那样平等而自由的生存氛围、公开的社会权利、以理智思考为个人

---

① 〔德〕荷尔德林：《荷尔德林文集》，戴晖译，商务印书馆，1999，第75页。

② 参见〔德〕艾克曼《歌德谈话录》，洪天富译，第246页。

③ 〔德〕弗里德里希·尼采：《悲剧的诞生》，孙周兴译，第171页。

最大的快乐、学会承担人乃至全人类的悲伤、相信十足的人性乃一种神性，这些都是"希腊性"的内涵所在！有一位学生曾经对我惊叹道："没想到人类历史上真的有古希腊人那样的存在，他们简直是奇迹！"我用尼采的话回复他："我们必须紧紧抓住古希腊人，那是我们光辉的引路人。"①

---

① 〔德〕弗里德里希·尼采：《悲剧的诞生》，孙周兴译，第 197 页。

十　神性与美

也会有人批评我们对古希腊的崇尚过于理想化了，历史上存在的古希腊世界只是通过文献、通过人们对文本的阐释而被熟知，没有人可能和他们生活过。当然这是事实，如同我们也未曾与中国古人生活过，但不会缺乏对孔子、《论语》产生共鸣。而且虽然并不能否认古希腊人的实际生活也会有类似于各个时代或民族所遭遇的种种困难，但是因为一份憧憬而保存一幅人类存在的美的图景，是无论如何都不会奢侈的，甚至可能是如数家珍一般的节俭和勤勉的体现。

古希腊世界是天、地、人、神共在的世界，希腊人的神祇众多，在史诗、悲剧中与人类同呼吸、共命运，人所具有的缺点甚至也存在于众神身上，以至于历史学家普卢塔克（约46—120以后）愤愤不平："……这些诗人，偏偏又把众神描写成充满混乱、仇恨、愤怒等种种情绪，这对于有头脑的人类也是不应有的。"① 时至今日，没有人再对那些神明顶礼膜拜，产生信仰，可是，那些神的名字万世

---

① 出自名篇《伯里克利传》，转引自《古希腊散文选》，水建馥译，人民文学出版社，2000，第257页。

流传，已经成为不可或缺的文化的象征或者文学的符号，例如主神宙斯、太阳神阿波罗、爱神阿弗洛狄忒等，已经与人类文明共在，他们的名字时常出现在文学或戏剧创作中。为何会出现这种情况？为何所谓的神明已不再被信仰，却深深地烙印在人类的生活中，浸透在世俗的希望中？为何人们自身的知解力在片面地受到权力或暴力（宙斯）、光明或艺术（阿波罗）、爱或美（阿弗洛狄忒）等事实的宰制的同时，却依然渴望像古希腊人那样，用理性的力量穿透这些现象，到达它们的中心地带？① ——其根本原因也就在于古希腊的神离人不远，他们不是在人间之上，而是在人的近旁，所谓"神"只不过是人类生存现象的具有摆置威力的种种原则，乃是人的心灵对世事存在的提炼、提纯。例如爱神即是所有关于"爱"的现象的总和，谁也逃不出爱之现象的根本原则，换言之，在古希腊人那里，人随时随处都可能与爱神相亲熟，他带着自己的知解力去遭遇她、思考她、质问她、挑战她，哪怕在爱的现象中产生兴奋、渴慕、疑惑、憎恨，但大体上无法挣脱阿弗洛狄忒的爱抚与锁链，她甚至保护他，给予他甜蜜的或者苦涩的美感，给予他爱的体验，这便是"阿弗洛狄忒"这个名字的由来与意义。从这样的角度出发，我们不妨劝慰普卢塔克原谅古希腊的诗人们，他们的神之所以与人离得太近，从反面看，不是神使人具有了附属于神的某种属性，而恰恰是使

---

① 关于知解力与理性的区分参见本书第二讲；关于爱的本质的讨论参见本书第三讲。

人具有了与神同等的本性：在人类复杂的活动中追索生存现象时所逐渐具备的静谧的理性和单纯的心灵。在古希腊人看来，神与人并没有什么不同，唯一的不同是神具有永恒性，但毋宁说，是人的生存、生活与生命现象具有永恒性而已。

拉斐尔《帕那苏斯山》，别名《诗坛》，壁画
画面中间拉琴的是阿波罗，两旁是主司文艺的缪斯神，
画面中会集了古希腊至文艺复兴时期著名的诗人

歌德说：

> 但是神性只在活的事物而不在死的事物中起作用，只存在于发展和变化的事物中，不存在于已成的、凝固的事物中。所以倾向于神性的理性只对变化发展中的活的事物感兴趣，而知解力只和它所利用的、已成

的和凝固的事物打交道。①

人对神性的追索，其限度在人的知解力向理性跨越的步伐中，即努力达到人性之为人性存在的目的，即对于"活的事物"（现象）的思考具有了某种回归人性的指导。哲学家伊曼努尔·康德（1724—1804）的名言——"人虽然够不神圣了，但在他的人格之中的**人性**对他来说却必须是神圣的。在整个创造中，人所想要并能够有所支配的一切都可以**仅仅作为手段**来使用；惟有人亦即每一个理性造物是**目的本身**"②——表达得也非常适宜，即：人是目的，而非手段，"人"是人具有神圣性的目的。如果能够突破凝固的或者仅仅作为手段的事态，而认识到活生生的事实，为了一种共同的福祉或利益，希望全人类都能够幸福，相信爱也是能产生爱的，突破个体的限制，一心只想去做好事，乐于迎向高尚的事物，这样的人则可以说是"神性的"。③

当然这便涉及道德，而我在这里不想就道德而谈论道德。古希腊人道德力的彰显并非通过说教实现，而是通过思辨或者展示，其思辨包含在悲剧作家及哲学家的著作中，其展示则包含在艺术作品中，存世者大多为建筑及雕塑。

---

① 〔德〕艾克曼：《歌德谈话录》，洪天富译，第387页。
② 〔德〕伊曼努尔·康德：《实践理性批判》，李秋零译，参见《康德著作全集》（第5卷），李秋零主编，中国人民大学出版社，2010，第93页。
③ 参见〔德〕艾克曼《歌德谈话录》，洪天富译，第365页。

尼采曾言"是艺术挽救了希腊人"①，与此相辅相成，荷尔德林也提到：

> 美的艺术的故乡在希腊，这无可争辩。从这一方面看，美的艺术在那高雅的民族中的产生和成长，一定吸引着每一个人；然而，如果仅仅从这一方面看，没有哲人、政治历史学家和通达人情者也于此找到他们的思考，那么，对希腊美的艺术的历史的兴趣会不这么普遍；匆匆的最初一瞥就已经察觉，艺术对希腊人的民族精神有多么巨大的影响，如何从神性化的诗人中源源不断地涌现出立法者、民族导师、将军和祭司，他们怎样将雕塑家的不朽之作运用于国家和宗教，对美的接受能力甚至作用于个人的幸福，万物仅由于美的艺术而活着并且生长，艺术在一种范围和强度上表达了其空前绝后的力量。②

既然美贯通了希腊公民的各阶层，使他们感受到"美"，美指引着他们的公共生活，而这种美的艺术的实质又是什么呢？

虽然尼采所说艺术指的是音乐，但无法聆听到古代诗人或歌队吟唱的我们，如今也只能通过其造型艺术来意会

---

① 〔德〕弗里德里希·尼采：《悲剧的诞生》，孙周兴译，第69页。
② 出自《希腊的美的艺术的历史》一文，参见〔德〕荷尔德林《荷尔德林文集》，戴晖译，第166页。

了，就像荷尔德林所观察的那样："因为形体美是希腊人的民族优越性之一，他就歌颂众神的形体美；他赋予众神欢乐的情绪，并夹杂着阳刚的严肃，因为这就是他的财产；因为他推己及人并认为这一切自然而然，就赋予众神对美的接受力，让他们为了美而降临人世。"①

　　古希腊人是在人类文明史上最先在雕塑作品中公开展示人体的赤裸②之美的。我们如今可以从博物馆中看到他们伟大的作品，它们所展示的肌肉的线条、皮肤的质感、坚毅的神态，无处不透露出完满的人性、光辉的神性。人像雕塑上有着丰满的神性，神像雕塑上又刻着自然的人体线条，在这交叠的状态中，不乏欢乐的情绪以及阳刚的严肃，例如法国卢浮宫镇馆三宝，除了《蒙娜丽莎》那幅绘画为文艺复兴时期③的作品，另外两尊雕像均为古希腊雕塑，即米罗的维纳斯④与萨摩特雷斯的胜利女神像——即便女性躯干亦洋溢着沛然的男性力量，那种冷静的沉静、平凡却又

---

① 出自《希腊的美的艺术的历史》一文，参见〔德〕荷尔德林《荷尔德林文集》，戴晖译，第167页。

② 赤裸（nudity）与裸露（naked）是两个不同的概念，人生来就是赤裸的，如同《红楼梦》中让贾宝玉悟彻了人生的一句曲词"赤条条来去无牵挂"中"赤条条"之涵义，它偏向于人体的自然的方面；而裸露则指除去衣物之后的躯体的状态，具有社会属性。前者与情色几乎无关，后者则间接地与情色相关。

③ "文艺的复兴"所指的也是复兴古希腊-罗马文化。文艺复兴以后，雕塑方面最响亮的名字莫过于米开朗琪罗（1475—1564）了，而米开朗琪罗本人就热衷于保存并模仿古希腊人体雕塑。

④ 维纳斯即阿弗洛狄忒，是爱神在不同时期的名字，维纳斯是在罗马时期的称呼，此雕塑习惯上被称为"米罗的维纳斯"或"断臂维纳斯"。

非凡的姿态；立即要拔地飞起的腾跃感、衣物褶皱甚至都能让人观想到人体内脏的生动鲜活。在这样的作品面前，没有哪个人不为之惊叹，没有谁不会为人的身体形态感到自豪。如果用中国式的语词来表达，希腊雕塑所表达的正是"人"这种存在的"精气神"，而按照当今艺术史家的语言来说，它们在向全体古希腊人以及全人类展示最为形象化的"道德"。

胜利女神像　　　阿弗洛狄忒，又称米罗的维纳斯

尼采在探究哲人一词的语源时说道：

希腊语中指称"哲人"的那个词，从语源学角度

看，可追溯到 sapio，即"我辨味"，sapiens，即"辨味的人"，sisyphos，即"有敏锐味觉的人"。因此，在这个民族看来，一种敏锐的品尝和辨选的能力，一种饶有意味的区别能力，构成了哲学家特有的艺术。①

即"品味"，在提高品味与教育的层面理解全体古希腊人，认为他们的创造塑形了人类知识的现代化类型，并由艺术史家指出"那么一位领先的雕塑家同时也就是一位哲学家"② 的论断与我们不期而遇。换言之，在古希腊，哲学家因其品味同时也是艺术家，而雕塑家因其作品所展示和教育的目的，同时也是哲学家。作为诗人、文学家的歌德在回顾古希腊悲剧诗人的诸多优点时也一致性地谈道：

> 我们惊叹古希腊人的悲剧，不过准确地说，我们更应惊叹使它可能产生的那个时代和那个民族，而不是一些个别的作家。因为这些悲剧作品彼此之间虽然有些不同，这些悲剧诗人之间虽然某一个人显得比其他人更伟大、更完美一点，但是总的看来，他们都有一种始终一贯的独特的性格。这就是超群、优秀、健康、乐于助人、高明的处世之道、崇高的思想方式、

① 〔德〕尼采：《希腊悲剧时代的哲学》，周国平译，第33页。
② Ian Jenkins, "The human body in Greek art and thought," in *Defining Beauty: The Body in Ancient Greek Art*, ed. by Ian Jenkins, Celeste Farge and Victoria Turner, The British Museum Press, 2015, p.16.

纯真而有力的观照以及人们还可举出的其他性格。所有这些性格不仅显现在流传下来的悲剧里，而且也显现在史诗和抒情诗里，乃至在哲学家、修辞学家和历史学家的著作里；此外，在流传至今的造型艺术作品里，这些性格也以同样的高度显现出来。因此我们可以得出这样的结论：这些性格与其说是属于某些个别人物，不如说是属于并流行于那整个时代和整个民族。①

可见爱神最年轻，也最娇嫩。此外他也具有韧性。他如果坚硬，就不会随时随地都能迁就，在每个灵魂里溜进溜出，不叫人发觉。他柔韧和随和还有一个明显的证据，就是他的容貌秀美，秀美是爱神的特质，这是人所公认的。丑恶与爱神永远水火不相容。他经常在花丛中，所以颜色鲜美。一个身体、一个灵魂或者别的什么里面，如果没有开花，或者花已经谢了，爱神是不肯栖身的；他栖身的地方一定是花艳香浓的。

—— 柏拉图《会饮篇》

---

① 〔德〕艾克曼：《歌德谈话录》，洪天富译，第265页。

十一 财富与智慧

我曾在课堂上问学生一个由明代思想家王阳明（1472—1529）而来的问题："在当代背景下，就你而言，何为天下第一等事？"学生们的答案列于前三的是：财富、健康、智慧。后两者合在一起颇似希腊人所言"健康的体魄，健全的心灵"。健康作为人生的第一等事，在全球性疫情之后，被提到议程上来，自然十分必要；而学生所指财富，更偏向于财富积累，即如潘光旦先生所言的为自己"找出路"，这本无可厚非，但对财富的理解显得太狭隘了。

财富于己是谓积累，于人则涉及分配，于己于人都需智慧的帮助。古希腊经历了个人财富膨胀给社会带来的疾苦，所以才兴起了关于美德的探讨——尤其是关于节制——智者的价值才脱颖而出，因此也成就了以契约为形式的民主制度。单纯的财富积累如果不能按照"比例"起到权衡作用，如果仅把财富当作金钱这单一维度的东西，则可以看到：

> 财富在社会集团中造成损害，在城邦内挑起分裂和仇恨，像自然法则一样带来停滞状态。财富代替了贵族的所有价值，它能使人得到一切：婚姻、荣誉、

特权、声望、能力。从此，金钱最重要，金钱造就人。然而，与所有其他的"力"相反，财富是没有限度的：它本身不包含任何可以限定自己、制约自己、穷尽自己的因素，财富的本质就是过度，它是"狂妄自大"在人类世界的形象体现，这就是在公元前6世纪的道德思考中反复出现的主题。……富人还想更富，财富最终只以它自身为目的。财富原是用来满足生活需要的，只是一种生存手段，现在它却成了自己的目的，仿佛是没有的限度的普遍需要，永远无法满足。所以，在财富的根源上，人们看到一种堕落的本质，一种变态的邪恶意志，一种贪婪的欲望：希望比别人得到的更多，比自己应得的更多，拥有全部财富。在希腊人眼里，财神普卢托斯（Ploutos）确实具有一种命定性，但这不是指经济方面，而是指某种品质的内在必然性和某类行为的逻辑性。① "穷奢极欲"、"狂妄自大"、"贪得无厌"，这是傲慢的贵族在铁器时代表现出来的三种不理智的形式。这种争斗性孕育的，不再是高尚的竞赛，而是压迫、不公正和"不良的法律"（*dusnomia*）。②

当苏格拉底劝告年轻人财富仅止"恰好够一个恬淡人

---

① 就像阿弗洛狄忒不是指命运中情爱的偶然性，而是爱情之为一种实事的内在必然性与逻辑性。详见本书第三讲的探讨。

② 〔法〕让-皮埃尔·韦尔南：《希腊思想的起源》，秦海鹰译，第116~117页。

所能携带的数量"时，希腊的社会背景曾经发生的景象则是财富的横行霸道。苏格拉底与其他智者的一个重要差异就是：他从未在与年轻人探索智慧的过程中收受过金钱，他不是以职业的学者自居，而是引导者。因此，他也是城邦的理想人格的榜样。

　　"节制"就使每人都在与他人的关系上服从于一个共同的模式，这个模式与城邦理想中的"政治的人"的形象相吻合。公民的行为由于自制力而区别于群氓的放任自流和滑稽粗俗，也区别于贵族的冷漠和傲慢，新型的人际关系所遵循的克制、平衡、适度的规范，同"认识你自己"、"不要过分"、"中庸为上"等格言是一致的。智者的作用是在自己的格言或诗歌中揭示并用语言表达那些或多或少隐含在公民的行为和社会生活中的价值。①

　　智者与哲学家将一种新的价值，即智慧的（理性）价值，② 置于财富的价值之上，由此形成了新的社会格式、政治局面，形成了"和谐"之面貌。在柏拉图的作品中我们经常看到这一点：

---

① 〔法〕让-皮埃尔·韦尔南：《希腊思想的起源》，秦海鹰译，第125页。
② "道德思考和政治思考将沿着这条路线发展，人们将试图用'理性'型的关系来代替力量抗衡的关系，在各个领域建立起一种以尺度为基础的规章，它的目的是使那些组成社会生活的各种各样的交换比例化和平均化。"（〔法〕让-皮埃尔·韦尔南：《希腊思想的起源》，秦海鹰译，第127页）

和谐仿佛和弦，建立在一种音乐类型的关系上：2/1、3/2、4/3。①公正的尺度应该协调各种本质上不相等的力量，保证一种力量对另一种力量的适度的优势。因此，"良好的法律"中的和谐意味着承认社会组织和个人都具有的某种二元性，某种善恶两极性，意味着必须保证善对恶的优势。……对柏拉图在《理想国》中所阐述的"节制"理论起指导作用的也是这种倾向。"节制"不是国家某一部分的特殊品质，而是整体的和谐，它使城邦成为一个"宇宙"，成为"自己的主人"，如同一个人是自己的快乐和欲望的主人。柏拉图把"节制"比作大合唱，其定义是："在关于国家和个人应该由谁指挥的问题上，最差的声音和最好的声音之间根据天性而达成的和谐。"②

因此，古希腊人足够信赖智慧，信赖由智慧的价值所开拓出来的前行的路。人与人之间之所以是相互帮助的，前提就是让智慧先行，而非财富：

我们在这里就可以清楚地看到，社会关系被等同

---

① 柏拉图所作《斐多篇》记录的是苏格拉底临终前与众学生的对话，其中关于"和谐"的思想也涉及音乐。我国古人教育子弟亦从离不开音乐，并且认为社会风俗之厚薄从它的世俗音乐中就可以体现出来。
② 〔法〕让-皮埃尔·韦尔南：《希腊思想的起源》，秦海鹰译，第 129~130 页。

为契约的关系，而不再是统治和被统治的关系，这样的社会关系通过"互利性"、"可逆性"等术语表达出来。……实际生活中把财产的个人所有权保持在那些"最优秀者"手中，条件是他们允许广大穷人享用这些财产，以便每人都在这样安排的形势中得到好处。……最优秀者不再追求权力和财富，他们受过一种哲学教育，知道不仅不能要求过多，而且应该本着慷慨和大度的精神给予穷人。①

这里便涉及一个经由哲学训练的"最优秀者"的担当问题了，即使在古希腊社会曾经掠过这样难忘的身影，而在其他的社会形态中是为难能。歌德曾塑造了优秀的青年的形象，在其小说《威廉·迈斯特的学习时代》中说过这样的话：

当你认真观察自己，就知道使你倾向商业、赚钱和财富的，只是一些外在环境的影响；相反，你向善、爱美的愿望和禀赋，却产生自你本人内心的需要，并受到它的滋养培育，因而这些身体和精神的禀赋，还会不断发展和提高。②

然而，究竟怎样的训练才能将欲望让位于理性？前文

---

① 〔法〕让-皮埃尔·韦尔南：《希腊思想的起源》，秦海鹰译，第131页。
② 〔德〕歌德：《威廉·迈斯特的学习时代》，杨武能译，商务印书馆，2022，第288页。

所讲"三年之艾""三年学,不至于谷"等,已先笃定了某些理智或意志的因素在这个"学"字里,针对的是有自制力的成年人。随着社会财富的不断增加,现今笃定志向从事哲学研究的青年也随之增加,每年自愿填报哲学方向的大学生都较以往会多出几个,这样的青年也会逐渐在意志力的培养上自主地强调其理智化的程度。但是对于还没有明确目的的人,比如青少年,若让他们更好地不是为了自我需求而索取,则理智的逐渐凸显须经由不同的途径。哈耶克说:"在较富裕的社会,问题通常不再是什么样的教育会增加经济实力,而是如何以一种将在以后帮助儿童更好地利用余暇时间的方式去占据儿童的时间,直到他们可以自食其力为止。"① 依拙见,最好是能让少年儿童在各种所从事的活动里更多地亲力亲为,吃饭、穿衣、游戏、体育运动、音乐训练、劳动卫生等等,凡是有创造意味,同时又是生活所必需的事情,都应该或多或少地由他们独立完成。成人不必直接以成熟的所谓的理智化的声明灌输或者告诫给他们,而要激励他们去做事,"对于优秀的人,把这么许多的法律条文强加给他们是不恰当的。需要什么规则,大多数他们自己会容易发现的"②。许多所谓的"理性的教

---

① 〔英〕弗里德里希·奥古斯特·哈耶克:《自由宪章》,杨玉生等译,杨玉生等统校,第561页。
② 〔古希腊〕柏拉图:《理想国》,第141页。柏拉图认为承担了过多的繁琐的规则的人终其一生都宁愿去修改这些规则,则"这种人的生活很象那些纵欲无度而成痼疾的人不愿抛弃对健康不利的生活制度一样"(《理想图》第141页)。

导"不过是一些"偏见"。人们必须认识到：

> 在人的一切官能中，理智这个官能可以说是由其他各种官能综合而成的，因此它最难于发展，而且也发展得迟；但是有些人还偏偏要用它去发展其他的官能哩！一种良好教育的优异成绩就是造就一个有理性的人，正因为这个缘故，人们就企图用理性去教育孩子！这简直是本末倒置，把目的当作了手段。如果孩子们是懂得道理的话，他们就没有受教育的必要了；但是，由于你们从他们幼年时候起就对他们讲一种他们根本听不懂的语言，因而就使他们养成了种种习惯：爱玩弄字眼，爱打断别人的一切讲话，自己认为自己同老师一样的高明，凡事总爱争辩，总不服气；所有一切你想用合理的动机叫他们去做的事情，今后都只能够以贪婪、恐惧或虚荣的动机叫他们去做了。①

108

在做事的过程中明白履行责任与让事情本身臻于完美，就是对理性成长的最为实际的锻炼。我想，说出了上述一席话的法国思想家卢梭（1712—1778）也从希腊人那里学到了许多，尤其柏拉图的《理想国》这部著作：

> 如果你想知道公众的教育是怎么一回事，就请你

---

① 〔法〕卢梭：《爱弥儿：论教育》（上卷），李平沤译，商务印书馆，1978，第100页。

读一下柏拉图的《理想国》，这本著作，并不像那些仅凭书名判断的人所想象的是一本讲政治的书籍；它是一篇最好的教育论文，就像这样的教育论文，还从来没有人写过咧。[①]

约翰·海因里希·威廉·蒂施拜因《歌德在坎帕尼亚》
此为歌德身穿希腊式服装的画像

---

① 〔法〕卢梭：《爱弥儿：论教育》（上卷），李平沤译，第13页。

　　歌德在某个地方称威廉·迈斯特是他"可爱的相似者"……何以如此？……正是变好向善和达到完美的需求这种感觉，这种自己的自我感觉，作为一项使命，一种道德的、美学的、文化的责任被客体化，表现在自传体的教育和成长小说的主人公身上，被具体化为一个作者的自我借以成为引领者、指导者、教育者的你，前者与后者是同一的，同时又高于后者，所以歌德曾怀着慈父般的温情……在自传激情本身之内已在进行着向着教育者的转变。

　　　　　　—— 托马斯·曼《歌德与托尔斯泰——人文论题未完稿》

十二　不善人师

既然谈到了"优秀者"及其基础教育，就不得不再论及教师与学生。《老子》第二十七章曰：

> 善行无辙迹，善言无瑕谪，善数不用筹策，善闭无关楗而不可开，善结无绳约而不可解。是以圣人常善救人，故无弃人，常善救物，故无弃物。是谓袭明。故善人者不善人之师；不善人者善人之资。不贵其师，不爱其资，虽知大迷。是谓要妙。

清代魏源（1794—1857）《老子本义》解之曰：

> *A* 夫世不藏其明者，救一人则己欲居其功，而好为人师。人有可弃，辄显刑其罪而幸为己利。是皆不善救人，所以多弃人也。*B* 有道者之天明，既藏而不露，则不好为人师，不欲以善自名也。不利他人以为己资，不欲名人之为不善也。如此，则己虽大智，而浑然无所分别，不窗大迷。*C* 故人之视之者，亦忘乎彼之为善，己之为不善，此所以为其转移而不

自知，是真圣人袭明之妙用，至要不烦，而至妙不
测也。[①]

这段话包含作为老师身份及方法的三个层次，即如我
以上所标 A—B—C：

A 作为老师的人自以为掌握了很多原则或道理，帮助
一名学生成才了，就会得意，如此这般喜爱好为人师，帮
助纠正了学生的某些不才之处，就以为帮他改掉了过失，
自己从教得到了益处；于是乎，至多只能教出几名学生，
大多数的人却被埋没或者丢弃了，如此可以说他真正在教
育上救助子弟了吗？

B 另有一些较为高明的老师，他们藏而不露，不把原
则或道理放在明面上说教，不会好为人师，也不认为自己
善于教育，不把学生的过失刻意挑出错来；这样虽有德行，
好似非常智慧，然而又与迷惘有什么分别呢？

C 这样看来，就得把所谓方法悬置起来，原则性地忘
记哪些是好的，哪些是不好的，而能在善与不善之间潜移
默化，老师自己也不知道他这种能力是如何培养起来的，
又或者今天之所教与明日之所教的妙法总在他的探索之中，
这才真的是明了了。

所谓袭明，魏源按照其他章节训之为"微明"，即在明
了之中的妙不可言。如今对于此章的俗解，皆认为"善人"

---

① （清）魏源：《老子本义》，参见《诸子集成》（第三册），中华书局，
2006，第 20~21 页。A-B-C 的结构是引者标记的。

是"不善之人"的老师，连 A 所言的状态都达不到，可谓大错特错。

赵孟頫作老子像

《西游记》第九十回，孙悟空被一伙狮子精所困，起因是与猪八戒、沙和尚在玉华州收了三位王子为徒，弄丢了金箍棒等护身兵器。孙悟空奈何不了，就去天宫搬取救兵：

他纵斤斗云，连夜前行。约有寅时，到了东天门外，正撞着广目天王拱手迎道："大圣何往?"行者道："前去妙岩宫走走。"天王道："西天路不走，却又东天来做甚?"行者道："因到玉华州，蒙州王遣三子拜我等兄弟为师，习学武艺。不期遇着一伙狮精。今访得妙岩宫太乙救苦天尊，乃怪之主人公，欲请他去降怪救师。"天王道："那厢因你为人师，所以惹出这一窝狮子来也。"行者微笑道："正为此! 正为此!"①

小说中"狮"与"师"同音，是作者劝人莫要好为人师。切莫说学生将来或许比老师的潜力更大，即便相对等，也难免争执或陌路，于是难免充满风险，与《老子》所说"不贵其师，不爱其资，虽知大迷"相通。可见，不论说理性的上古文字还是世人皆知的民间传奇，古人对于老师的身份和从教方法极为审慎，思想上的辨析也殊为细腻。

我常与学生说："做学问最有趣的一件事就是终身都在认字。"终身认字是做学问之人的自觉性，尤其人文学科，而认字的活动是从小学习一开始就在做的，换言之，做学问的人，时常都是一名小学生，是一名有活力的年轻人。作为老师的人只不过比做学生的人占有更多的经验，比他们更年长些。与年轻人交流学科内或者人生中的经验是教学的必要的部分，也是最富教益的部分。潘光旦认为大学教育的理想意义或在于：

---

① （清）刘一明：《西游原旨》（下册），第1014页。

我们相信青年的时期是一个充满着理想的时期，青年的心地是纯洁的，是和平中正的，是富有探讨与衡量的能力的。一个人在青年期内而没有这许多特点，那他就终其身不必希望再有，教育的目的之一就在帮青年的忙，来培养这许多特点，使前途不因青年期的过去而成为昙花般一现的东西。①

　　而老师又何尝不应是纯洁的、和平中正的、富有探讨与衡量的能力的呢？老师应该比学生具有更纯粹的以上这些品性，才能更好地肩负起教书育人的责任。黑塞在《玻璃球游戏》中塑造的伟大的学者形象克乃西特在充满人文精神的理想型的学院卡斯塔里完成了终身的学习与工作，主人公对教与学的体会非常深刻：

　　　　时而是青年人追随老者，向权威、向尊严表示敬重和恭顺，时而又是老人对轻松快活的青春、对纯真的童稚自愿承担责任，愿意为之服务，或者也可说是崇拜青春。当克乃西特在这些无休止地环形流转的画面间徘徊，沉潜于似乎毫无意义而又似乎寓含深意的梦境之中时，他这个梦中人不时感觉老人和孩子实为一体，他时而尊敬人，时而受人尊敬，时而是引路人，时而又是追随者，在这类漂浮不定交替变化的过程中，

第一讲　哲学的教与学

时不时会出现一个合二而一的瞬间，他同时既是老师又是学生，是的，甚至远远超出两者之上，在衰老和年轻两者变化交替的圆环中成为创造者、探索者、驾驶者和旁观者，观察着这个轮回，自己也随着感觉的变化，时而放慢速度，时而又奋力飞速前进。……老师和学生间既富于意义又毫无意义的环形旋转，智慧和青春的相互竞争，相互追逐，这种无穷无尽的愉快游戏不正是大学①精神象征么。是的，这事实上也是整个人生的象征，衰老和青春，白天和黑夜，阴和阳，永远一分为二地汹涌向前，永无尽头。②

我国自古"教学相长"的理念出于《学记》：

> 虽有嘉肴，弗食，不知其旨也；虽有至道，弗学，不知其善也。是故学然后知不足，教然后知困。知不足，然后能自反也；知困，然后能自强也。故曰：教学相长也。③

前两句均以经验作类比：要想知道美味就要亲尝，要想从事善道则要好学；中间两句指出学与教的难处：不学则无以补不足，非教则难以遭困踬，学生要知道返回自身

---

① 原文为"卡斯塔里"，小说主人公所上的大学。
② 〔德〕赫尔曼·黑塞：《玻璃球游戏》，张佩芬译，第 172 页。
③ 《礼记》，胡平生、张萌译注，第 698 页。

（检省失误），老师则要达人达己；如此这般才能如结论所言：教与学实际是相互促进的！不难看出此一理念对教师的终生学习所提出的要求。潘光旦先生说道：

> 《学记》对于教育，还提出过一个可以教好为人师的人深深的自省自谦的一个原则，就是"教学相长"。……所以真正的教育，不但教别人能自动的学，更教自己作进一步的学的功夫。教学虽然并称，而重心所寄还是在学的一方面……做教师的人的任务既一半在知困自强，在自我的进修，试问，还敢以师道自居而以训示的方式教育后进么？真正的教育不应有，也不会有训的成分……①

但愿我们这些"不善人师"的教师真正在从事"教育"工作，而非强迫青年人接受所谓的"教训""训教"。哲学是学习所有哲学之人的老师，不论其身份是学生还是老师，而作为哲学的经验的分享者，作为老师的人与作为学生的人并无区别，一个共同体中的人们是可以相互促进的，共同引导、探索和参与创造。

---

① 潘光旦：《自由之路》，第150页。

十三　破茧成蝶

　　我跟学生交谈，对他们说："你们看展开的书页，多美啊，就像一对翅膀。书籍让我们乘着去飞翔，到任何一个遥远的美丽国度、城邦，甚至仙境。我们的精神因之而离开了沉重的肉身，开始悠游、舞蹈、歌唱。"

　　有一年夏天，表妹在楼下的花椒树上拾回两条毛虫，是怕过路的鸟儿把它们当作食物。我于是也有机会亲睹花椒凤蝶的破茧之旅。起初小毛虫的样子很丑陋，动作迟缓，慢吞吞地吃着每天给它们摘回来的树叶，于是我们才知道，它们只进食花椒树的叶子，完全无意于其他树种的叶片。幼虫褪去其丑陋的外壳变成青绿色成虫的时候，样子便显得威武极了，像戴了一顶头盔，生出一副假眼，一定是用来威吓天敌的，食量也变大许多，吃起花椒叶子来急不可待，尽量让体量变得肥壮。突然有一天，它们不再进食了，一口叶子也不吃，反而不停地排泄，表妹以为养得不得当，它们的生命算是将近终结了。实则不然。当把多余的能量从身体内排净之后，虫儿们便开始吐丝结茧，把自己关在严实的茧房里。时间过去了一个多星期，一点儿生命的迹象都没有。表妹每天去看，以为最终的结果可能就是这样两只茧蛹吧，但其实这寂静的生命仍在每天吸收着阳光和水分。终于有一天，全家人还没睡醒，晨曦微微露出光明，表妹家养的宠物狗对着茧蛹狂吠，把一家人吵醒。就在那天上午，花椒凤蝶破茧而出了。但它们现身的过程并不轻松，虽然费力地褪掉茧衣，整个翅膀却是潮湿的、褶皱的，鳞片美丽的翅膀须在温暖的阳光下一点点地晾晒，直到完全展开，直到力量到达每一点鳞斑。表妹看着蝴蝶挂在它们以前没吃完的花椒叶的小枝杈上，设想如果这时有鸟儿飞过，必定又是一番劫难。这样经过了几小时，它们才振动翅膀，飞起来了！花椒凤蝶的飞行姿态在常见的蝶类中属于异常优美的，在阳台上寻找着夏日的花朵，家人把窗户打开，这大大的蝴蝶，翩然起舞，终于投入了大自然的怀抱，去恋爱、去繁衍。

我一直记得这个过程，是因为它与读书人的经历极为相似。没有知识与智慧的人生是简陋的，而人一开始都不会自然地具备知识和智慧，学习是唯一的途径。就像进食、吸收营养，是所有生命成长的开始，也是唯一贯穿的可能性。逐渐地，人们便有了武装，青春令人有了向往美好的意识，知识也因此积累起来了。但不要因为一知半解就好为人师，也不能一味贪多地把书本吃下去，化为一时的墨水，狐假虎威，假借知识的名义赚取最大利益。读书人的涵养最终是为了沉寂与沉静，排空无谓的知识，历练生命中的一份宁息，哪怕期间只有无形的滋养，哪怕似乎消失了热烈的生命的踪迹。惟此才能破茧成蝶。然而，即便成为蝴蝶，又能怎样呢？没有时间的沉淀，没有等待，是很难飞起来的。想要自由地飞翔，经历的苦楚或许不为人知，亦不足为外人道。智慧，是多么动人，她也可以翩翩起舞啊，像是优美的存在，频频振动的间歇有着恍如隔世的静处，翩跹飘逸的姿态有着容盛自然的风度，可这一切，该经历怎样的艰辛啊！无怪乎西方文化中，常把蝴蝶比作灵魂、灵性、智慧之化身。我们就是如它们一般追寻着知识的花丛、智慧的境地，而经历破茧之旅。

第一讲

关于智慧

一 概念、范畴与命题

哲学语言在一般情况下是以概念与命题的方式组构的，这就造成了并非十分容易阅读与理解的某类困难，然而，这也是哲学学科的特色之一。这种特色具有它的必然性。

首先，概念不同于日常习语或者俗语，它们所指称的并非绝对实然的物与事，并不似"苹果""来了"这类语词，即使初学说话的孩子也能及时使用，① 而毋宁是可以在语言中表象出来的所有与它有关涉的东西。然而，并非所有概念都具有表象，让普通人理解并解释"理念"这类常

---

① 当然，"苹果"也可以作为一个类概念，即所有被叫作"苹果"的存在物的通名，但这无关紧要，"苹果"这个词不单纯是主词，而是谓词，或者可以说，"苹果"这个词被用来说出什么的时候，首先涉及一个表象，而非对象。康德是这样说的："没有一个表象直接涉及对象，所以一个概念不直接地与一个对象发生关系，而是与关于该对象的某一别的表象（无论它是直观或者本身已经是概念）发生关系"，以及"概念作为可能判断的谓词，所关涉的是一个尚未确定的对象的某个表象。这样，物体的概念，例如金属，就意味着某种可以通过那个概念被认识的东西"。（〔德〕伊曼努尔·康德：《纯粹理性批判》，李秋零译，中国人民大学出版社，2004，第94、95页）哲学家弗雷格（1848—1925）在《论概念和对象》一文中也强调了："概念——如同我对这个词的理解——起谓词作用"，"概念本质上是作谓词，即使在关于它做出一些表达的地方也是这样"。（〔德〕弗雷格：《弗雷格哲学论著选辑》，王路译，商务印书馆，2006，第80、88页）

见的哲学概念，会是较为困难的。哲学概念的适用范围在"一般理性者"（作为进行着思考的生物，我们所有人的一致性）身上，即思维状态已经较为成熟，能够理解原因与结果（因果性）之间普遍联系的人生阶段，那么大致是在青少年时期之后。在此之前，难以理解概念的原因往往在于它们并不直接包含人们个体性的"生活"。我想举个简单

的例子。例如一般性的地点名词，如"兰州"，作为一个专名，即便能够看懂地图的儿童凭借记忆指出存在名称为"兰州"的城市，但由于他从小生活在北京，对于"北京"有着直接的感性经验，却不能依照生活，在思维上建立这两座城市的地理关系，也无法直观地比较两座城市实际的异同；而青春期的少年只要熟悉了一幅中国地图，就可以头头是道地讲明"北京"与"兰州"的"关系"，以及设想在"兰州"的生活可能会是怎样，即使他也从来没有离开过北京——"兰州"在他的意识活动中已经作为一个可能的概念被加以应用。

首要的是，被称为"概念"（concept）的东西，人们已经对其先行"具有概念"（conceptualized）了，即思维的概念化的能力正在或已经成型。在关联或者关系中，一个一般理性者可以把实际生活的形态与他已经具有概念化的所思维的内容（无论此种思维内容是多么模糊）加以对照和比较。表象化思维的特征便在于此。比如生活在北京的少年能够以"在黄河边"或者"西北"之方位化的概念设想兰州的生活，这里所涉及的"关系"最简单

地便是"同"与"异"了，即北京的少年可以就此设想两地生活的同异，在黄河边的城市里生活会与北京有何差异，或者即便在更为西北方向的城市生活，但大体都还属于北方，则生活上又会有哪些相同。从古希腊哲学家开始，就把概念所依存的关系相关项，即这里所说的"同"与"异"，叫作"范畴"①了。

可以说，范畴是概念能够在思维中被概念化所依存的结构框架，所以要是把"同""异"同样看作"概念"，则它们比一般日常经常使用的概念（如"西北"）与名词（如"苹果"）显得更为基础。这种基础性奠基于一般理性者的思维本性，也就是说，人们无法构想在因果性、同异性等关系之外的其他形态的物事关联，故而康德用勘探人类知性界限的办法总结出了"范畴表"。② 这可以同"字母表"或者"化学元素周期表"相类比，即字母组合可能是成千上万的，如英语单词，但总归不会使用 26 个字母以外的东西；而世界上物质的构成能够被最大化地勘探清楚的最基本单位的总和，现阶段也不会超出化学元素周期表。

于是，就可以知道一般理性者，即使在他的成熟期，

---

① 在柏拉图的《智者篇》中被叫作"通种"，从亚里士多德开始则有了正式的名称，叫作"范畴"。这两个名称之间的具体同异可参见拙著《图式法与形而上学奠基》，社会科学文献出版社，2019，第 157 - 162 页。

② 对范畴的研究除了亚里士多德——《亚里士多德全集》的第一篇即《范畴篇》——另外比较突出的哲学家就是康德了。康德总结了人类知性判断形式所涵盖的四组十二个范畴，有兴趣的读者可参见《纯粹理性批判》第 10 节。

他的认知也是遵循着被限定的能力的，是有基本规则规定的，故而关于"思维""自我意识""知性""理性""理念""心灵"等相关研究，就在哲学这门学科中被独立出来了。此种研究方向的最终确立被哲学史家划定在笛卡尔（1596—1650），以之为肇端，即用所谓"近代哲学"，亦即突出人的主体地位的哲学来标志其特征。然而，此前的筹备工作，其实早在古希腊人那里就开始了，历史非常漫长，虽然人们依据笛卡尔哲学将之称为"我思"（cogito）。

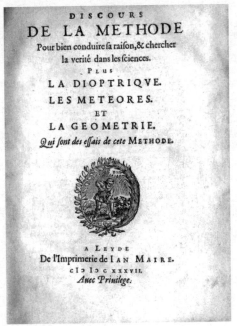

笛卡尔《谈谈方法》1637 年版书影

《谈谈方法》提出了第一命题"ego cogito, ergo sum"（我思，故我在），《第一哲学沉思集》把它转换为"ego sum, ego existo"

因为有了范畴理论，康德哲学比诸如笛卡尔等人的哲学在这条路上的探索显得更为成功一些，[①] 因为他，"我思"在其活动中具有了客观性[②]，而不再把认识行为看作仅仅属于"主体"的，或主观的。其实，在"知识何以可

---

① 雅斯贝尔斯评论道："主体概念在新哲学中是一个重要主题。笛卡尔的思想基础是思的存在的纯粹的自我确定性。洛克则把主体设想为某种最初没有内容的东西，只是通过经验一切事物才涌入其中，他把主体看成某种描写以外的东西。莱布尼茨则把主体设想为最开始充满了全部世界内涵的单子，这一世界内涵在这一单子中从无意识性走向意识，从混乱走向清晰。休谟把主体看做一些表象，它们因经验的偶然性而产生并通过习惯而产生的客体化假象（如我、本质、因果律等）混淆起来。康德比他们所有人想得更为深刻，这表现在：第一，他把经验的主体当做心理学观察的对象；第二，他把'我思考'的意识当做有效认识过程的起源；第三，他把概念的特征当做自由的源泉。"（〔德〕卡尔·雅斯贝尔斯：《大哲学家》（上），李雪涛、李秋零等译，第 369 页）

② 总体来说，在康德那里，客观性是根据对象、显象、表象三者作出严格区分之后，对知识探寻的最大范围的限定和厘清。对象即思维或者意识对面的那个东西，显象是它在时空条件下（即在我们的感性形式中）直观到它的那个样子，表象则是在思维综合出这个东西是什么、是怎样的等等情形下的与一个概念的联结，例如我们能面对一个"苹果"（对象），看见其具有"苹果"的样子（显象），认为这是一个"苹果"（表象），即用"苹果"这个概念指称或述谓那个东西。人们往往认为一个苹果本身是"客观的"，然而康德却认为只有在对象-显象-表象的三重关系中，才能够认定它是客观实在的。我在这里的解释尽量做到通俗化，依照康德本身的论证，则可以读到："一切表象作为表象都有其对象，并且能够本身又是其他表象的对象。显象是能够被直接给予我们的惟一对象，而在显象中直接与对象相关的东西就叫做直观。但这些显象并不是物自身，而本身只是表象，表象又有其对象，因而其对象不再能够被我们直观，故而可以被称为非经验性的对象，亦即先验的对象=X。关于这个先验对象（它事实上在我们的一切知识中都永远是同一个东西=X）的纯粹概念，就是能够给我们的一切经验性的一般概念带来与一个对象的关系、亦即带来客观实在性的东西。"（〔德〕伊曼努尔·康德：《纯粹理性批判》，李秋零译，第 147 页）

能"这个问题上，人类一定是依循看似彼此平行、抹除了个体差异的一般理性的结构来展开探究工作的，知识一定要具有公共性的确定性才会被接受为"知识"，而个体的主观性一般体现的只是某人的某些信念（belief）、某个情绪（emotion）或情思（mood）、某类想象（imagination）、某种希望（wish）等，人或多或少地懂得，他在这些状态下的现状，是没有办法同时构建起他人体验的。"独我"状态并不构成世界的事实或事态。后来的哲学家们也虽然论证了人从年幼到年长、在各年龄进行认识活动的心理过程各有阶段性，特征各异，从而疑惑康德不在经验活动中寻求认识活动的根源是否合理，① 但基本也未能动摇他的范畴理论可以将"我思"的研究完整地独立出来的事业功勋。

回到经验来看，人的生活的事实及其表述，远比建立知识所依赖的判断形式更加广泛，也就是说，哲学活动主要不是在于合理地下判断，而是陈述"命题"。命题是哲学语言的最基本形式。这一点从古希腊哲学家泰勒斯（公元

----

① 这里举两个例子。叔本华（1788—1860）在《康德哲学批判》一文中批评康德的立场，说："世界之谜的解答必须来自［我们］对这世界本身的理解。［既然如此，］那么形而上学的任务就不是［跳过，］飞越经验——这世界即在其中的经验——，而是彻底理解这些经验；因为经验，外在的和内在的，无不是一切认识的主要来源。"（［德］叔本华：《作为意志和表象的世界》，石冲白译，商务印书馆，2018，第580页）皮亚杰（1896—1980）在《发生认识论原理》中评论道："在发生学上清楚的是，主体所完成的一切建构都以先前已有的内部条件为前提，而在这方面康德是正确的。然而他的先验论的形式是过于包罗万象的了……"（［瑞士］皮亚杰：《发生认识论原理》，王宪钿等译，商务印书馆，1981，第114页）

前 624—前 547）的第一个哲学命题"世界的本原是水"开始，一直到如今的哲学研究，都未曾改变。尼采是这样来分析第一个哲学命题的：

> 真的有必要重视和认真对待这个命题吗？是的，有三个理由：第一，因为这个命题就事物本原问题表达了某种看法；第二，因为它的这种表达并非比喻或寓言；最后，第三，因为其中包含着——尽管是萌芽状态的——"一切是一"这个思想。①

> 当泰勒斯说"一切是水"的时候，人类就突破了单门科学的蠕虫式的触摸和爬行，以直觉洞悉了事物的最终答案，并借助这种直觉克服了较低认知水平的一般限制。哲学家试图倾听世界交响乐在自己心中的回响，然后以概念的形式把它投放出来。②

可见，命题必须包括世界作为事实的整体体现，用清晰简短的话语，把相关的思想投射出来，命题因此给出概念，或者具备命题本身所依照的逻辑形式。我们知道，古希腊世界以海洋文化为背景，其社会往来、民族共存便与"水"相关；而哲学家普遍关注生命，无论人体、动物的生存，乃至植物种子的生根发芽都离不开"水"，这是自然属

① 〔德〕尼采：《希腊悲剧时代的哲学》，周国平译，第 27 页。
② 〔德〕尼采：《希腊悲剧时代的哲学》，周国平译，第 34 页。

性的一面，泰勒斯也不可能不加以关注。即使在经验上，不论"一切是一"这个思想是否具有命题的决定性，泰勒斯的命题却也显现了哲学家试图倾听的"世界交响乐"，只不过在这样一个短短的句子中，这部交响乐以纯粹"直觉"的方式昭示了"一切"、万有，所以它提升了人类思维的认知水平，尼采的评论是非常到位且中肯的。

即使活跃在 20 世纪的奥地利分析哲学思想家维特根斯坦（1889—1951）关于命题的论述也同样未能脱离泰勒斯式的命题的基本规范性。哲学家伯特兰·罗素（1872—1970）为维特根斯坦的基本论著《逻辑哲学论》所作的《导言》，曾条分缕析地指出，按照维特根斯坦的观点来看，首先，"世界由事实组成：严格地说，事实是不能定义的，但是我们可以说，事实是那使得命题为真或为假的东西"①，即命题陈述着或包含着的事实，是有世界的存在属性的。②

进而，"命题就是从原子命题的总体（加上这就是它们的总体这个事实）所得到的全部东西；一个命题总归是若干原子命题的一个真值函项；……他坚持认为，所有逻辑命题都像'p 或者非 p'那样，是重言式"③。即是说，命题作为所有原子命题的总和是一个整体，就像世界是一个总和的观念一样，它们形成映射关系，而作为不可分析的

---

① 〔奥〕维特根斯坦：《逻辑哲学论》，贺绍甲译，商务印书馆，1996，导言，第 7 页。

② 不论此处的世界是"真实的物理的世界"（罗素），还是"逻辑的构造的世界"（维特根斯坦）。

③ 〔奥〕维特根斯坦：《逻辑哲学论》，贺绍甲译，导言，第 12 页。

最基本的述说，在一个所谓的"原子命题"中，仅仅用到它的逻辑功能——起到对所有的变项命题赋值为真的作用。尼采所分析的泰勒斯命题中的"一切是一"的思想就包含着重言式，具有自古希腊以来便被注意到的同一性（identity）思想。

此外，"很清楚，当一个人相信一个命题时，为了说明发生了什么事情，并不非要假定这个作为形而上主体的人。必须说明的是一套词语，即本身作为独立事实考虑的命题，同使成真或成假的'客观'事实之间的关系"①。这里排除了"独我"的主观性，即"克服了较低认知水平的一般限制"，把哲学事业的目光投注在客观形式之上。命题形式使世界成为客观的。

---

① 〔奥〕维特根斯坦：《逻辑哲学论》，贺绍甲译，导言，第 16 页。

二 认识、知识与有限性

认识一个事物，从最初时起，对它感兴趣的幼儿即可问出："这是什么？"因为提出这个问题，他的意识便处在对一个对象的指向状态，问出"这是什么"的同时，意识与对象合并在这个问题似乎要显示出的一个场域（即所问的"是什么"）之中了。幼儿的心理状态不会存在主客对立，不会感到他对面的东西是个"对象"①，至多也是以为这个"是什么"可以帮助他来构建起自身的认识，亦即"认识它"。

主客之分只在一般理性者的意识状态中普遍存在，但先在的事实是，是对象或者客体帮他建构起了一个相关主体，而主体无非意味着具有知觉与概念能力的生物体而已，绝非一个所谓的"主人翁的我""自我""独我"应运而生，个体产生关于"我"的意识过程在知觉活动中出现得比较晚。关于认识问题首先应该打破主客对立的前提，也就是打破成年人意识形态的独断论。哲学家皮亚杰说道：

---

① Object 这个词通常被译为"客体"，同样也可以译为"对象"。德语中有另一个同义词 gegenstand 表义则更为直接，字面义即"让站到……对面去"，经常被哲学家们诸如康德、海德格尔等使用。

存在着一个为大家承认的一些认识论理论所共有的公设，即假定：在所有认识水平上，都存在着一个在不同程度上知道自己的能力（即使这些能力被归结为只是对客体的知觉）的主体；存在着对主体而言是作为客体而存在的客体（即使这些客体被归结为"现象"）；而首先是存在着在主体到客体、客体到主体之间起着中介作用的一些中介物（知觉或概念）。

然而心理发生学分析的初步结果，似乎是与上述这些假定相矛盾的。一方面，认识既不是起因于一个有自我意识的主体，也不是起因于业已形成的（从主体的角度来看）、会把自己烙印在主体之上的客体；认识起因于主客体之间的相互作用，这种作用发生在主体和客体之间的中途，因而同时既包含着主体又包含着客体，但这是由于主客体之间的完全没有分化，而不是由于不同种类事物之间的相互作用。①

当我告诉一个幼儿"这是一棵树"，而他对"树之为树"（树之所"是"）还没有任何印象或者观念的时候，他接受的这个事物（而不是对象）只不过是：在世界上（他的活动的周遭）存在"X＝树"的一类现象，或存在对这种现象知觉的可能性。只有当"树"成为知觉对象或者

① 〔瑞士〕皮亚杰：《发生认识论原理》，王宪钿等译，第21页。

一个概念，他才对它形成"知识"，即一类现象或存在的形态或型相。

以专项意识指向性地去问"这是什么"才会建构知识。古希腊人认为这是知识建构的确定性的始点。这个提问因而被认为是希腊式的。王庆节先生在阐释海德格尔《这是什么——哲学?》一文时不无针对性地指出：

> "这是什么?（Was ist das?）"这个发问是希腊文 τί ἐστιν 在现代语言中的一种表达。按照海德格尔的解释，这个希腊式的发问具有多义性。首先的一个意思就是指我们在日常生活中对某物的发问，例如，远处的那个东西是什么? 回答说，一棵树。海德格尔说，当我们沿着这个日常发问继续深入，再对"这是一棵树"的"是"进一步发问时，我们就进入了希腊发问的周边近畿（Nähe）。这就是希腊哲学的发问方式，例如在苏格拉底、柏拉图和亚里士多德那里的发问："美，这是什么?""知识，这是什么?""自然，这是什么?""运动，这是什么?"我们知道，这是一种追求精确的概念定义的发问方式，也是今天科学发问的最基本方式。①

"是一个怎样的对象"之于成人意识所建构起来的日常

---

① 王庆节:《海德格尔与哲学的开端》，生活·读书·新知三联书店，2015，第65页。

生活、周遭世界在认识论上作为经验性的基底并不特别地具有积极的建设意义，反倒是未被认识的事物、尚未清晰呈现的事物、被看作永恒的事物，激荡起人的好奇心以及动用理智的渴望，进而想要去寻求关于它们的知识。"求知是人的天性"这句隽语被亚里士多德铭刻在《形而上学》的第一行，亦如"学而时习之"是《论语》记载的孔子的第一句话一样闪耀光辉。求知、学习是人类的事务，在希腊语境下即是"求是"，这里的"是"具有"真"的涵义。知识之"真"并非停留在日常生活的表面，也不仅仅停留在各种器具、器物之上，而是拓展生活的深度、对于获得知识的意愿的满足，以及与具体的物的亲熟，在探究物理存在的道路上行进。

　　不论什么年龄阶段的人，都拥有他们获得知识的宝贵途径。比如幼儿，还不会运用理智和语言这些比较成熟的手段，但是当他们张开小手，迎向对面转动着的事物，好像要把它们抓在手里，一张一合地舞弄手掌的时候，我们看到了他们认识世界的"把握"（apprehension）① 的能力。儿童则反复地体验着他们喜爱或者不甚喜爱的事物，形成关于感知（sensation）的突出性的符号演算，比如甜味，在知觉方面甚至不能帮助构成一个真实的概念时，多数儿

---

① "在我们里面就有这种杂多之综合的一种主动的能力，我们把这种能力称为想象力，而想象力直接对知觉实施的活动我称之为把握。也就是说，想象力应当使直观的杂多形成一个**图像**；因此，它必须事先把种种印象接纳入它的活动，即把握这些印象。"（〔德〕伊曼努尔·康德：《纯粹理性批判》，李秋零译，第 154 页）

童却都能对这种符号性的存在于感受方面给出认知，即使不具备语言能力的聋哑儿童对此亦不会陌生，他会因为甜味，露出喜欢的表情或动作。① 随着孩童不断长大，即便他还没能写下一个句子或者算出一道算术题，他却已经理解了世界周遭存在的关系，例如妈妈意味着为其生存带来的保护和温暖，他也会明察妈妈和爸爸每天在话语行为中的互动，以及这种互动带给他的心灵的印象、这种印象所包含的色彩，也就是说，他能够具备理解（comprehension）了。当然，在教育儿童方面，人们最注重培养的乃是知性（understanding），也就是特别突出地并惯常地追问"这是什么""为什么"等成熟型的理智的应用能力，即让他迅速地进入一般性思维。随着他们最后能够应用判断的能力、推理的能力、解释的能力、计算的能力、实践的能力，则可以说，理性（reasoning）的雏形基本成型了。

当然，上述这些人的认识能力在人类的活动中都是综合性的，但我们总可以在特别的事物面前区分出认出它们时的能力的主次。例如康德哲学，对人类认知能力与界限的三分

---

① "儿童在早期就提出了'为什么'的问题，这标志着因果性解释的开始。因此，在这里我们看到了一套对感知运动时期而言是新的本质特点。我们不能仅仅用言语交往来说明这些特点，因为聋哑儿童，虽然由于缺乏适当的社会性刺激而与正常儿童相比是落后的，可是事实证明他们有同正常儿童相似的认知结构。所以在概念工具的加工制作过程中出现的这个基本转折点，不能只归因于语言，而应一般地归因于符号功能，产生这种功能的根源则是在发展中的模仿行为——这是最接近于表象作用的感知运动形式的行为，但却以动作的形式表现出来。"（〔瑞士〕皮亚杰：《发生认识论原理》，王宪钿等译，第31-32页）

法——感性、知性、理性——并不是随意构造出来的，也不是哲学家的臆造，它的根源在于"人是什么"这个提问。①

人类史是与知识的发生历史、开拓历史同步展开的，人类心灵的历史同样也是与认知能力的完善的历史齐头并进的，所以有必要尊重和提高每一个人的独立意识的培养，以及对于追求知识的向往，人本身甚至可以被看作知识的秩序的历史。换言之，人可以不必依赖固化的、成型的所谓主体或与客体相关的理论构架去获得知识，人自生来就可以根据他的天赋的机能展开对世界的探索，只要有安全有利的环境，加之健康成长的体魄作为担保，用符合各个年龄阶段的认知准则加以引导，对于知识与生命状态在每一个人生节点上的融合，也可以像自然的进程一样，像种子发芽、开花、结果的过程中发生的那样，呈现出成熟的风格。知识虽然有各种不同的门类，但人类的机能是有限的，在处理不同种类的问题的时候，提升人的把握力、知觉力、认知力、理解力的目标可以是一致的，哲学知识不同于其他学科的地方在于，它还注重反思力的培养。

"这是什么"可以带来一般普遍的知识的形成，而还有一类知识回顾性地、反思性地考察知识之为知识的源头，它们的合法性，即裁定它们何以能够成为知识而具有确定

---

① 康德认为他的《纯粹理性批判》所要解决的是"人能够认识什么"，《实践理性批判》要解决"人能够做什么"，《判断力批判》解决"人能够希望什么"，而在《实用人类学》中，他认为上述三个问题的根源即在于"人是什么"。

性的特征。所以像海德格尔那样的思想家就会在"这是什么"这个问题的本质性上追根究底，认为哲学乃一种应合（Ent-sprechen）、一种情调（Stimmung）。① 其基本的目的在于敞开已然在哲学中固化的求知的模型。在 20 世纪的欧陆哲学思想家中，对于此一路向的开拓不乏其人，另如法国思想家米歇尔·福柯。他也在探寻知识在历史上成型为固化的某些事实状态，也同样认定人作为知识史的对象的重要地位，他说："人，无论是孤立的还是集体的，都应成为科学的对象，——这决不能被视作或当成一种舆论现象：它是知识之序中的一个事件。"② 对于知识形态的历史的构

写作中的福柯

---

① 〔德〕马丁·海德格尔：《这是什么——哲学？》，参见《同一与差异》，孙周兴、陈小文、余明锋译，商务印书馆，2011，第 16~18 页。
② 〔法〕米歇尔·福柯：《词与物》，莫伟民译，上海三联书店，2001，第 450~451 页。

型，作为知识合法性的权柄之研究，在他的哲学中被视作"知识型"（épistéme）[1]。

当然这里没有必要深究海德格尔或者福柯的思想，但作为标记着哲学提问方式的一个重要事实因为这些哲学家的追问逐渐清晰地呈现在我们的视野中，即对现有的知识型的解构，虽然这个事实早在柏拉图哲学中就已初露端倪。雅斯贝尔斯如此评论道：

> 流行的知识要是量度一种知识、意义和标准，并引导内在的和外在的行为抉择，借助这种知识，人们就认为他们拥有了事物本身。这是一种陷入困境的、误以为是的、令人满意的、不完善的知识。如果它能通过无知的知识本身而明朗起来的话，那么这种知识要获得真理，就得通过解构（Entschränkrung）。
>
> 原初的知识似乎不只像流行的观点认为的那样，是关于某物的知识，而是与认知者的现实性合一的。通过关于某物的知识的最丰富的展开，原初的知识在那个不再需要知道一个某物、便就在自在的知识自身之中复苏了。
>
> 只要柏拉图处在这条经过通用的知识向原初知识的途中，对有关原初知识的内容，他就不可能提出任

---

[1] Epistemology，常被译作认识论或知识论，词根源于古希腊语。我们在这里所谈论的话题在哲学中基本属于认识论范围，即考查知识的形成的可能及其应用的限度。

何理论——就像所有关涉某物的知识领域都有的那种理论一样。它不可能当做教义学的结果来表达，没有任何关于这一知识的体系被草拟出来。但是，为了通过一条引导（人们）达到那最后的智慧之光而不是（某个）对象的途径（的方法），一种客观上进行的谈话，在问和答（在研究）中也许是可能的。进行认识和有知识地生活，是人类的最高的可能性。①

　　这段话有三点值得关注。第一，它区分了通用的知识与自在的知识，前者是关于对象"是什么"的知识或者知识领域，人们在这里似乎"占有了"那些他们以为感兴趣及深入了解的事物，但这只不过是自以为是；而后者"与认知者的现实性合一"，这里的现实性当然也可以指人的认知机能，所以不必拥有过剩的理论，也能体验到自在的知识的原初性，只要从人的现实出发。第二，自在的知识需要通过对通用的知识的解构展露出来。在苏格拉底式的自我认识中，它是以"自知己无知"为标记的，也就是那"无知的知识本身"，通过不断地追问"美，这是什么""知识，这是什么"而得到关于它们的"理念"。柏拉图主要通过对话体的形式写作，犹如让人们观看戏剧一样，在台词剧本之外，能够体会到话语的氛围、人物的个性、他们各自求知的态度以及希腊社会的变革等，而

　　① 〔德〕卡尔·雅斯贝尔斯：《大哲学家》（上），李雪涛、李秋零等译，第222页。

这些不是书面上的通用的知识或者关于事物的知识所能提供的，至少它们在柏拉图的书写中也似乎都是自在的，是学习的原则所在。第三，柏拉图所行进的这条道路通往智慧学，而非教义学，智慧才是人类最高生活形式的可能性。

为什么在追求知识的同时，还要来反思或解构它呢？知识形成的过程往往被人们忽略，或许只有哲学家们试图澄清它的脉络，而一般理性者在观念（notion）的实用过程中，往往趋向用固化的信念（belief）以知识之名行维护关于意见（opinion）的权力（power）之实。① 然而，人无论是个体还是集体都是有限的——虽然上文仅从个体心理的发展机能论证了构成知识的自然之属性，但每一个个体的认识机能都未必能够发展完备，而集体心理也会经常受到固定模式的影响从而趋向某一类固定的效果，信念会导致必然的目的的设定②——所以，有限的人需要在确证自身的

---

① 康德说："视之为真或者判断的主观有效性在与确信（它同时是客观地有效的）的关系上有以下三个阶段：**意见、信念和知识**。意见是一种自觉其**既**在主观上**又**在客观上都不充分的视之为真。如果视之为真只是在主观上充分，同时被视为客观上不充分的，那它就叫做**信念**。最后，既在主观上又在客观上充分的视之为真叫做**知识**。"（〔德〕伊曼努尔·康德：《纯粹理性批判》，李秋零译，第 602 页）

② 康德说："但是，任何地方都惟有在**实践的关系**中，理论上不充分的视之为真才能被称为信念。现在，这种实践的意图要么是**技巧**的意图，要么是**道德性**的意图，前者关涉任意的和偶然的目的，后者则关涉绝对必然的目的。一旦把一种目的置于前面，那么，达到该目的的条件就也假设为必然的了。"（〔德〕伊曼努尔·康德：《纯粹理性批判》，李秋零译，第 603 页）

同时怀疑自己，[①] 好的怀疑不是带来损坏，而是足够开放，承认自身的限度所在，使其既不会戕害认识能力，也不会戕害知识本身。自在的知识可以是无限的，至少被看作隐藏着的源头，所以即便把它看作"先天的"（a priori）也有一定的道理。人的知识除了建立在个体的认识机能、通用的知识之传统及系统的积累、社会实践的诸般关系之上，还建立在对自身认识水平的提高、对过往的知识的否定与更新、新型的或开明的社会集体意识的塑造之上。我国宋代理学家朱熹（1130—1200）脍炙人口的诗篇《观书有感二首》也有这样的诗句："问渠哪得清如许？为有源头活水来""向来枉费推移力，此日中流自在行。""源头"与"自在"所形容的，即关于知识之所获得的哲理。

---

① 在柏拉图的《枚农篇》（一般也译作《美诺篇》）中，苏格拉底教会一位并不懂几何学的小厮多少具备了几何学的思维意识，因而认定，虽然知识是可以原本先天地存在于心灵中，在学习过程中通过回忆便可以发现它，但首先还是要经历一个怀疑与困惑的阶段，于是就可以自发地去寻求知识了。其中有这样的对话：

苏格拉底：你有没有想到，他曾经努力去寻求或学习他以为知道而并不知道的东西，后来才被启发到有所怀疑，承认自己无知，因而力求认知？

枚农：我没有想到，苏格拉底。

苏格拉底：使他困惑对他有用吗？

枚农：我想有用。

苏格拉底：现在你再看看，他如何从这种困惑出发，就跟我一同寻求，将有所发现，虽然我只是询问他，并没有给他传授什么东西。……总之，我所做的不过是询问他心里想的。

（〔古希腊〕柏拉图：《柏拉图对话集》，商务印书馆，2004，王太庆译，第179页）

反思或思想的对立面是不思，人的平庸肇始于此。潘光旦先生几十年前的提醒于今仍有振聋发聩的效果：

> 中国人目前也正犯着这个通病。一般人是懒惰的，在理智方面，思想方面，尤其是不思振奋，专享现成。成套的哲学系统是最现成的，一个懒惰的人接受以后，可以囫囵吞枣似的下咽，……几于无须消化。它是一服"定心丸"，早经磨细，早经调和，下了肚子，肠胃就可以直接吸收，是何等的方便呢？在药物里，丸药最容易推销，在思想与学问界，成套的臆说最容易找到信徒，特别是在广告与宣传的技术特别高明的今日。这其间的道理是一个的。①

故此，反思性的自在的知识可以帮助我们怀疑，帮助我们开启通往哲学的正规的道路。

---

① 出自 1943 年文《一个思想习惯的改正》，参见潘光旦《自由之路》，第 69 页。

三 人为什么需要"理性"

康德在其 1786 年的论文《什么叫做在思维中确定方向?》之结尾处有一个注释,清晰地指出了人的思维的准则,与潘先生的话也有些类似:

自己思维就叫做在自己本身中(也就是说,在其自己的理性中)寻找真理的至上试金石;而在任何时候都自己思维的准则就是**启蒙**。A 它如今所需要的并不是如同把启蒙设定为知识的那些人所想象的那些:因为它毋宁说是其认识能力的使用中的一个否定原理,而且经常有知识绝对丰富的人,在理性的应用上却最少得到启蒙。B 使用自己的理性,所要说的无非是:对于人们应当接受的一切来说,都问一问自己是否认为,使为何接受某种东西的根据或者从所接受的东西所产生的规则成为其理性应用的普遍原理,是可行的。C 每一个人都可以自己着手做这种实验;而且他将看到迷信和狂热在做这种检验时马上就消失了,尽管他远未具有从客观的根据出发来反驳这二者的知识。因为他仅仅使用了理性的**自保**准则。因此,通过教育在各个主体里面建立启蒙，是十分容易的；*D* 只是必须及早开始让年轻人熟悉这种反思。为一个时代启蒙，是很费时费力的；因为有许多外在的障碍，它们一方面禁止那种教育方式，另一方面使得它举步维艰。①

也就是说，作为启蒙的思维形态：*A*② 并非等同于成套的知识系统或现成的知识，往往最富有知识的人却最不会自己思维，知识如同给他上了枷锁；如果一个人需要习惯自己思维，就必须凡事思考一下他之所以接受它的观念化处境，是因为从众？抑或方便？抑或恐惧？或因为自己对它并不真的了解？对那个所由之"根据"的自我发问就是*B* 理性。这样思考在康德看来比较容易让人对所遇到的事物保持冷静，容易有比较客观的态度，虽然不必用过多的知识结构来担保理性的应用，但关于启蒙的理性只要有这样的*C* 自保原则也就够了，也就担保了自己思维，担保了理性存在；*D* 这种理性自保的反思性要在年轻人中让其广泛地知晓并习惯应用，因为对于时代的启蒙的难度远远大于在教育中对青年的启蒙。

"理性"这个词并不像知性或者知识那样具有严格的规定性，它是一种开放性，是对知性原则的规整性的开放，

① 《康德著作全集》（第 8 卷），李秋零主编，中国人民大学出版社，2010，第 148 页。A-B-C-D 的结构是引者标记的。

② 文中字母仅用于提示所分析内容与前文征引文字的对应关系。下同，不再说明。

就是让自己反思，让自己的思维能出来讲话，开放出自我。虽则自我看似是有限的，但在更严格的尺度上阐发出来的理性或理性者，会使得讲话的那个自己更广泛地代表所有人。因此，理性与理念和理想实际是相互交叉重叠的。① 知性更多地被人们用在理论的建构性方面，而理性的作用体现在它的范导性（regulative）。② 或者说，与理性直接相关的并非种种理论，而是理论之外的理念和理想。

简单来说，理性的范导性功能即是使人从固定化的或者规则性的知识中开放出来，引导其向自在的知识行进，它类似于一种对于人性或者人格的保护，允许人在自我反思性的实践中逐步臻于完善，最终回归到他的理想中去。因此，理性并不只是在与人生平行的路径上的一种由外在逻辑来规范的学理化路径或论证式路径，而更多地是内在于人的生命中的、帮助人们出离自身并超越自身的、通过实践向上提升的、须臾不离的智性活动，它的特点是能够

---

① "我们必须承认，人的理性不仅包含理念，而且也包含理想，这些理想虽然不像柏拉图的理想那样具有创造性的力量，但毕竟（作为范导性的原则）具有实践的力量，并且为某些行动的完善性的可能性奠定了基础。"（〔德〕伊曼努尔·康德：《纯粹理性批判》，李秋零译，第451页）

② "先验理念绝不具有建构性的应用，以至于某些对象的概念会由此被给予，而且如果人们这样来理解它们，它们就纯然是玄想的（辩证的）概念。与此相反，它们具有一种杰出的、对于我们来说不可或缺地必然的范导性应用，也就是说，使知性指向某一个目标，知性的一切规则的方向线都参照这一目标而汇聚于一点，尽管这个点只是一个理念……"（〔德〕伊曼努尔·康德：《纯粹理性批判》，李秋零译，第497页）

反思，不信奉权威，还原对于自在知识的本源性的求索，这种求索是亲知的，亦即经验的，它的作用还在于对经验的澄清或自我澄明。"范导"一词可以说具有指导的力量、保护的意义，以及日常因循的平凡性的内涵。所以在启蒙主义者看来，依赖于理性的行为，均具有某种目的论的呈现，此目的即是作为更好的人的存在，他的义务和责任，为人道主义或者人文主义做出表率，换言之，达到至善。

为此，我们也要区分理论理性（思辨理性）与实践理性，① 前者可以扩展关于客体对象的通用知识，而后者似乎没有客体，只能在范导性原则的指引下，帮助人们在经验中达到完善。没有对象性客体的知识，类似于人们经常会思考到的爱或者善，与其说它们是具有道德性的表象，毋宁说这些人类所不能绕开的课题，就是理性在实践生命中要去探索的真理。我把它们也看作哲学上的自在的知识。这些自在的知识不可能用特殊的模型化的理论学理性地介

---

① "但毕竟是理论理性及其在一般超感性事物方面的知识的扩展，这就是就理论理性被迫承认**有这样一些对象**而言的，但对于这些对象却不能作出更详细的规定，因而不能扩展关于这些客体（它们从现在起就出自实践的理由并且也只是为了实践的应用而被给予了理性）的知识本身，因此，纯粹理论理性必须把上述知识的增长仅仅归功于它的纯粹实践能力，而对它来说，所有那些理念都是超验的，都没有客体。在纯粹实践能力这里，它们都成为**内在的和建构性的**，因为它们都是使纯粹实践理性的**必要客体**（至善）**成为现实**的那种可能性的根据，除此之外，它们就是**超验的**，是思辨理性的纯然**范导性**原则，这些原则责成思辨理性的事情，并不是超出经验之外去假定一个新的客体，而仅仅是使它在经验中的运用接近完备。"〔〔德〕伊曼努尔·康德：《实践理性批判》，《康德著作全集》（第5卷），李秋零译，第143页〕

绍给全人类，因为没有什么确定性的所谓的"爱的知识"，但是关于爱与善这一类事情的认知，我们必须用理性化的角度探求能够讨论它们的前提以及这些题目相互之间的理想性的关联，即作为理念性质的存在，它们缘何具有人类的目的论的涵义，从而对每一个个体都能够开放出他本己的爱的身份，学习如何达到至善。[①]

　　"理性"这个表达似有多重内涵：首先，它肯定人是能够通过思维活动或者思考、反思，被看作平均化的、一致性的同等的存在者，即如上文所言"一般理性者"，因而对于每个人而言，理性蕴含了平等；其次，它断定人的价值是可以通过自己思维的启蒙达到高尚的境地的，所以"理性"这个词包含对人的价值的尊崇和敬重，包含着超越的可能性；再者，人的价值的高尚性一向是为着一般理性者开放的，它如同一种期许或等待，将普通的凡俗的人开放到理想的空间，这种理想空间往往被尘世的道德准则或者至高的善与美所标记；最后，理性贯穿着信心，这个词有某种引人奋进的意味，让人相信他对自己是有责任的。

　　与一般对于"理性"的误解不同，它并非用严格逻辑化的专权让人的思考囿于一时之见，它也并不反对和排斥局限的日常经验，但希望能够在经验的范围内实现启蒙。然而，歌德却写道："庸人们最怕的是理性；如果他们理解了什么真正可怕，他们就会怕愚蠢。然而理性叫他们不舒

---

① 参见本书第三讲。

服，所以必须除掉；愚蠢只有腐蚀性，可以等着它自己烂掉。"①

如今有一种出于思维的自然属性而非出于纯粹思维属性的、主要显示在计算性思维中的"理性"，它也与人的实践相关，但不单纯与理想相关，其目的在于满足私己的欲望，即把最小化的经济手段与最大化的利益目标结合在一起，满足现时生活的所谓"理性"，我们可以将之视作一种工具理性。② 虽然康德式的理性传统尚未触及工具理性的存在问题，但他在《实用人类学》的一个段落中，风趣而幽默地谈论了这种现象：

> 大自然时而要有对生命力的更强烈的激发，来翻新人的活动，以免他在纯然的享受中将生命感丧失殆尽。为了这个目的，大自然十分睿智和善意地把各种

---

① 〔德〕歌德：《威廉·迈斯特的学习时代》，杨武能译，第 455 页。
② 工具理性是德国社会学家马克斯·韦伯（1864—1920）所指出与价值理性相对的一个概念。在其著作《新教伦理与资本主义精神》中，韦伯认为资本主义精神那种"认为个人的义务在于以扩大自己的资本作为前提利益且为目的本身的想法"中，包含着一定的"非理性"。虽然理性概念是复杂的，但"为事业而不停地劳动已成为'生活上不可或缺的'一部分。事实上这就是唯一确切的动机，而此一表态同时也点明了：从个人幸福的观点看来，此种生活样式是如此的非理性，在其中，人是为事业而活，而不是反过来（事业为人而存在）"（〔德〕马克斯·韦伯：《新教伦理与资本主义精神》，康乐、简惠美译，广西师范大学出版社，2010，第 27、44 页）。这里的"事业"可以用"职业"一词来替换，即人的幸福被以兑换财产的职业伦理之手段来规范，从而取消了"人是目的，不是手段"的理性内涵。简言之，工具理性中这种非理性的特质，恰与康德哲学中的理性概念相悖。

对象按照生性懒惰的人的想象当做真实的目的（荣誉、强制力和钱的赢得方式）来哄骗他，这些目的使得不乐意从事一件**工作**的他有足够的事情去**干**，并以**无所事事**给他许多事情去**做**；此时，他对此发生的兴趣是纯然妄念的兴趣，因而大自然确实是在戏弄人，并且鞭策他（主体）去追求自己的目的，但他却（客观上）相信，已经给自己设立了一个自己的目的。——妄念的这些偏好恰恰由于幻想在这里是自我创造者，就适合于在最高程度上成为**狂热的**，尤其是当它们旨在于人们的一种**竞争**的时候。①

也就是说，功利性的追求之物除了荣誉、强制力和钱，似乎再没什么值得考量的了，因而有些人把它们当成自己的目的，好像是为之付出劳动，但事实上这只不过是为了他们的一个"妄念"，妄念之"妄"即在于这些目的物使他们之间形成竞争，他们做起这些"无所事事"的事来就特别热衷，乃至狂热。康德说这是大自然为了调动人的生命力开的玩笑，语气里有肯定这种玩笑的自然性质的意思。当然不能称这些人为无理性者，但工具理性毕竟使价值易位，在这里理性为欲望服务，而不是为自在知识及理想而服务了。虽然社会竞争愈加剧烈，人的工具理性也会愈加发达，但康德式的理性也不会默默无闻的。

---

① 〔德〕伊曼努尔·康德：《实用人类学》，《康德著作全集》（第7卷），李秋零译，中国人民大学出版社，2010，第269页。

《实用人类学》一书的结尾也很风趣，又不乏真实：让我们设想有一颗行星上存在另一类的有理性者，他们只能有声地思维，不能默默地思维，他们的所思所想必须说出来，那么他们要么都像天使般纯洁，要么根本无法相处。康德因此定义了"人类"这一类有理性者：

虽然要了解别人的思想，但却不流露自己的思想，这已经属于一个属人造物的原初构成，属于他的类概念了；在这种情况下，这种较为正派的特点就这样免不了逐渐地从**伪装**推进到有意的**假象**，并最终一直到**撒谎**。在这种情况下，这就会是我们人类的一幅漫画，它不仅授权善意地**嘲笑**人类，而且授权在构成人类个性的东西上表示**蔑视**，亦即授权承认，有理性的尘世存在者这个种族在其他（不为我们所知的）种族中不配有一个值得尊重的地位——如果不恰恰是这种拒斥的判断显露了我们心中的某种道德禀赋、理性的某种天生要求的话，即甚至努力反对那种倾向，因而不是把人类展示为恶的类，而是展示为有理性存在者的一个从恶到善不断进步、在阻力之下奋起向上的类；这样，它的意愿总的来说是善的，但实现却变得困难，因为目的的达到不是靠个人的自由协调，而是惟有通过不断进步地把地球公民组织进并且组织成作为一个世界主义地结合起来的体系的类，才能够有希望。①

　　工具理性和社会竞争的大幕下伪装、虚伪、撒谎的状态虽说是人类形象的一幅漫画，但是"有理性的"人类还会向往改变现状，这便是"理性"的价值。学生问我实践究竟是什么意思，我告诉他们说："只要说实话、干实事，经验中发生的一切就是实践了。"

---

①　〔德〕伊曼努尔·康德：《实用人类学》，《康德著作全集》（第7卷），李秋零译，第328～329页。

康德像

无论从思想上还是实践上他都近乎一个完人，他用最难懂的思想证明了最易懂的事，让人情愿跟随他那样去做。当思想放起光明的时候，行动也就光明了。他是最后的启蒙主义者，也是坚定的世界主义者。他是人类的乡愁。如果人们知道事物与道德的界限所在，这些界限不会违背自然的目的，就没有人会去僭越它们而违背自己的崇高，人就会自由。如今尘世的不确定性那么多，抬头仰望他的人便感到望见满是星光的苍穹。他是懂得他的凡人心中的道德律。

——于 2024 年 4 月 22 日写在康德 300 周年诞辰

四　一种自由论

　　实践的目的是实现人性的自由。然而，无论行为的自由还是思想的自由在人类社会规范的角度都会显示出它们的限制性。所以，对于"自由"这个引人入胜的名相，（1）须在实践上认定它是以不自由为前提的，也就是说，所有关于自由问题的讨论，首先都是从人的不自由状态出发而言的；（2）进而探索自由本身的范围界限；以及（3）对于此种界限的突破，即是人们要找的"自由"。这是一个阶段性过程，类似从幼虫到蛹，再蜕化成蝶的两种生命状态的对比，或奏鸣曲式的双主题结构①，它的一般布局也是三段：呈示部、展开部、再现部。可以说，自由是自由主题的再现，再现的自由才是完整的，而非起初的一个简单预设。

　　所以，没有绝对的自由，而有进阶的自由，自由之实现需要靠自我的完善，在这个意义上，我们可以将"自由"

---

　　①　"凡由以下方式构成的曲式称为奏鸣曲式，即以两个主题对置为基础，这两个主题第一次陈述时，不论在内容或调性方面都形成对比（第一主题在主调、第二主题在从属调性），而在展开部以后重复时，两个主题都在主调上，即在调性上相互接近。说得简单点，奏鸣曲式是以重复的双主题结构为基础的。"（〔俄〕斯波索宾：《曲式学》（下册），林道生校订，乐韵出版社，1996，第235页）

二字反过来读，即"由自"，由自我出发而展现在脚下的一条可以实践的路。由自是起点，自由是终点。每个人自生下来在人性的规定方面就被给予了有限的主题词，关于身心、关于生存、关于技能、关于劳动、关于精神、关于善与道德、关于幸福、关于爱，等等，一如乐曲中的七个音符，1（哆）、2（唻）、3（咪）……被给定为"人"的初始记号，当它们被编织在一起，形成旋律，进入到特定的曲式结构，就像人不断长大，开始理解周围事物，进入到属于他的特定的历史社会，经由知识和理性的引领，形成了自我的乐章，而这最终的自由则可以被看作他经历、创作、奋斗的结果。至于财富、身份、地位所能实现的类似于自由（更好的称呼是"任意"）的表象或假象，是不需要理性过多地参与的，也没有类似音乐性结构的美感，缺乏内容，缺乏形式，所以并非哲学上探讨的"自由"。

康德对这个前提的认知非常清醒，①他还认识到"自由"不是由经验本身形成的，也不是对某类经验的命名，而是人对于自身经验整体的一个提炼性的表达，因而是

① "我们对无条件实践的东西的**认识**是从哪里**开始**的，是从自由开始，还是从实践法则开始。从自由开始是不可能的；原因在于，我们既不能直接地意识到自由，因为它的最初概念是消极的，也不能从经验推论到自由，因为经验给予我们供认识的只是显象的法则，从而只是自然的机械作用，这恰恰是自由的对立面。因此，正是我们（一旦我们为自己拟定意志的准则就）直接意识到的**道德法则**，才**最先**呈现给我们，并且由于理性把它表现为一个不能被任何感性条件胜过的，甚至完全不依赖于这些条件的规定根据，而恰好导向自由概念。"〔〔德〕伊曼努尔·康德：《实践理性批判》，《康德著作全集》（第5卷），李秋零译，第32页〕

"自由概念"，因此，自由是先验的。但凡人开始思考或者向往自由，他所展开的便是哲学思考了，这种思考是用来指导他自身的实践的。

由自之自我虽说也是由个体来承载，但不论个体的身体还是个体的意识都与自由无关，因为它们遵循的是自然的法则，身体有身体机能的自然属性，意识有意识功能的

自然属性，都不是能以主体的意志为转移的。构成主体之自由的乃是个体之行为、个体之思想，它们是从不自由的前提带着主体向自由之目的行进的推动力，所以在我看来，自由论是与个体之教育紧密不可分的，因为教育所针对的，即是行为与思想。换句话说，真正的自由只在教育中实现。

潘光旦先生论曰：

> 自由的教育，既着重在自求自得，必然的以自我为教育的对象。自由的教育是"为己"而不是"为人"的教育，即每一个人为了完成自我而教育自我。所谓完成自我，即用教育的方法，把自我推进到一个"至善"的境界；能否到达这个境界，到达到一个何种程度，一个人不能不因才性而有所限制，但鹄的只是一个。自由教育下的自我只是自我，自我是自我的，不是家族的、阶级的、国家的、种族的、宗教的、党派的、职业的……。这并不是说一个人不要这许多方面的关系，不要多方面生活所由寄寓的事物，乃是说教育的主要目的是在完成一个人，而不在造成家族的

一员，如前代的中国；不在造成阶级的战士，如今日的俄国；不在造成一个宗教的信徒，或社会教条的拥护者，如中古的欧洲或当代的建筑在各种成套的意识形态的政治组织；也不在造成一个但知爱国不知其它的公民，如当代极权主义的国家以至于国家主义过分发展的国家；也不在造成专才与技术家，如近代一部分的教育政策。主要的目的有了着落，受了尊重，任何次要的目的我们可以不问，无论此种目的有多少，或因时地不同而有些斟酌损益，我们也可以不怕——不怕任何一个次要目的的畸形发展。

自由教育既以自我为主要的对象，在方法也就不出两句先秦时代的老话所指示的途径，一是自知者明，二是自胜者强。先秦思想的家数虽多而且杂，在这一方面是一致的。明强的教育是道家、儒家、法家一致的主张。更有趣的是，西洋在希腊时代所到达的教育理想也不外这两点。太阳神阿普罗的神龛上所勒的铭，一则曰"认识你自己"，那就是明，再则曰"任何事物不要太多"，如用之于一己情欲的制裁，那就是强。就今日的心理常识言之，自明是理智教育的第一步，自强是意志与情绪教育的第一步，惟有能自明与自强的人方才配得上说自由。认识了整个的世界，全部的历史，而不认识自己，一个人终究是一个愚人；征服了全世界，控制了全人群，而不能约束一己的喜怒爱憎，私情物欲，一个人终究是一个弱者：弱者与愚人怎配得上谈自由？这种愚与弱便是他们的束缚，束缚是自由的反面。话说到这里，我们口口声声说自由，实际上就讲到了中庸。说到了自知自胜，也就是等于说自由教育的结果，不但使人不受制于本能，更进而控制一己的本能，以自别于禽兽。总之，这些都是可以和上文呼应的话。至于自明自强之后，再进而了解事物，控制环境，整饬社会，创导文化，所谓明明德之后，再进而新民或亲民，那都是余事，无烦细说了。自求自得的教育，亦即以自由为目的的教育，大意不外如此。至于从事于教育的人，对青年所适用的努力，只能有侧面启迪的一法，而不容许任何正面灌输的方法，亦自显然，勿庸再赘。①

这段话的三个要点是：其一，自由就是通过教育的手段使得人能够自教，自求自得；其二，自教的自由是自明与自强，这在中外历史上是一致的，是不二法门；其三，教育者只能通过侧面启迪达到这个目的，而非全面灌输，亦即教育的目的乃是让人自教。这三点支撑就像是一架水车的三根"橰"②，来回旋转以事灌溉。潘先生亦引用古代

---

① 潘光旦：《自由之路》，第36~37页。
② 《庄子·天地》："子贡南游于楚，反于晋，过汉阴，见一丈人方将为圃畦，凿隧而入井，抱瓮而出灌，搰搰然用力甚多而见功寡。子贡曰：'有械于此，一日浸百畦，用力甚寡而见功多，夫子不欲乎？'为圃者卬而视之曰：'奈何？'曰：'凿木为机，后重前轻，挈水若抽，数如泆汤，其名为橰。'"

典籍《大学》中的第一句话"大学之道在明明德，在亲民，在止于至善"，将自教之自由等同于明德，则新民（使得人民的行为和思想苟日新、日日新）与至善之事，便水到渠成了。

有过教育经验的人都知道，哪怕幼年、少年或者青年，只要这个教育的对象在事理方面有了自觉的主动性，有了对待某事的自发性，则他通过自己的探索，会越来越在此类的事情上自明、自强，触发他学习的渴望是教育的最终目的。这就是"自教"，它的关键是不惮错误，自由的通途必会有错误发生，对此潘先生也有过论述：

> 从自教的立场看，青年最需要的是暗中摸索的机会，尝试而错误、错误而再尝试的机会。别人的指示导引，前辈的典型仪式，所给的一线曙光，一些门径，是要得的，也是不会完全没有的，但主要的终究是他自动的探索。先哲讲"慎独"的功夫，不过，在讲这功夫以前，我们总得让他有一个"独"的机会。……以前作和尚的要"立关"三年，今日青年所最感缺乏的，就是这立关的准备。今日的青年，从束发受书到学成毕业的十多年里，他有一个短期可以独营单纯的生活，独自对宇宙沉思，独自和古人交往，独自对生命的意义作一番探索的机会么？没有，绝对的没有。他连作白日梦的闲空都没有。家庭、社会、学校、以至于政府，被慈父主义驱策着，惟恐他走上歪路，掉

入陷阱，肇出事端，发生疯狂，正在不断的提携，不歇的警觉。今日的青年，没有休息，没有静止。①

我想举两个古代的例子。《论语·为政》的名言"子曰：吾十有五而志于学，三十而立，四十而不惑，五十而知天命，六十而耳顺，七十而从心所欲不逾矩"，经典性地标记出了像孔子这样的学人从"学"字上下功夫的生命历程。少年孔子十五岁有志于学，也就是说他那时候始能以自教为鹄的，但要到了七十岁才达到自由。所谓"从心所欲不逾矩"，钱穆先生评曰："此乃圣人内心自由之极致，

----

① 潘光旦：《自由之路》，第 111 页。潘光旦还举了世界名著《性心理学》的作者霭理士（1859—1939）的具体个案来说明从自教通达自由的重要性："中学毕业的时候，他是十八岁，当时他很彷徨，不知道走什么路子好，后来他决定到澳洲，他在各大城市里流浪了一阵以后，终于在极荒僻而不成其为村落的一个小地方当了一年光景的小学教员。他在澳洲前后四年，这四年真是他一生的绝大关口，特别是最后的一年。他的志向、思想、天人的观念、毕生的事业，就在这四年里决定了。等于他'立'了四年'关'，他在最后一年里，常有时候，真像老僧入定一般。除了几个小学生而外，他差不多完全脱离了人境，他的四围几乎全部是自然的景物，甚至于是一些榛莽荒秽的景物。他并不信奉普通的宗教，但他相信一个青年人，处他所处的环境，观察、欣赏、沉吟、思虑，心境上早晚会豁然贯通起来。佛家的大彻大悟，理学家的出一身大汗，心地顿见明朗，在他是很能了解的，因为他自己便领略过。他在那时候立定的志向和抉择的终身事业是他要研究性心理学，并且从这种研究里觅取青年与一般人群的福利。他决定学医，学成之后，便开始写作。别的作品不说，他在三十年间，写成了七大本的《性心理学研究录》，真是一种集大成的鸿篇巨著。第七本还是后来添上的，他在第六本的跋里说：'天生了我要我做的工作现在是完成了。'这是何等的口气！一个从普通大学教育出身，而斤斤于小我的成就的青年会有这种造诣与这种口气吗？"（潘光旦：《自由之路》，第113-114 页）

与外界一切所当然之一切法度规矩自然相洽。"① 在孔子的语气里，似乎各个人生阶段都含有要攻克的难关：三十而立之"立"的反面是不立，即站不住脚；四十而不惑之"不惑"的反面是"惑"，即心灵困扰；五十而知天命之"天命"的反面是"时运"；六十而耳顺之"顺"的反面是"不顺"。难关之为难关就在于不可避免地要有错误。但突

吴道子作孔子像

---

① 钱穆：《论语新解》，第26页。

破这些难关的利器有一件，就是自教伊始的"学"字。只有懂得自教的人，经过了十五年的学习和立关，才有机会肯定地说"而立"吧。确然，人生每个阶段都需"立关"，用独自肩负的日益深厚的素养逐一突破不同境遇下的难题。所以读到这段话中"从心所欲"四个字，就感觉让人长长舒了一口气，自由的境界终于呈现了。

另一个例子也是在《论语·为政》："子曰：吾与回言，终日不违，如愚。退而省其私，亦足以发，回也不愚。"这是孔子赞扬自己最喜爱的学生颜回，史称颜子，说他在跟从自己学习的时候很听从老师的教导，从不怀疑，从不违逆，好像很呆，但当他用老师教导过的话来反思自己的时候，能把这些话内化为自身经验，从不同的角度阐释和丰盈它们，在老师看来，颜子这样的学生一点也不呆，其实是最好的一类学生。孔子所称扬颜子之处，无非是他的"亦足以发"，即自教的能力。

从自教到自由是一条曲折的路。自由这个命题虽然彰显出它极诱人的质地，但真正触摸到的，又有几人呢？三十岁的人在世间能不能立住脚跟，要看他在看似无忧无虑的青少年期付出了多少时光，有没有专一的志向，这个志向从那以后改没改变过。我国最早的字典《尔雅》注"志"字曰："骨镞不翦羽，谓之志。"即用兽骨削成的箭，没有羽毛装饰，光洁的一根，蓄满力量的、朝向靶心的驱策之物。再如六十岁的人，基本完成了家庭、事业、劳作、人生价值的追求，而在世间没有任何非议，何其难能可贵？

《论语·述而》有一则故事："叶公问孔子于子路，子路不对。子曰：女奚不曰，其为人也，发愤忘食，乐以忘忧，不知老之将至云尔。"钱穆先生释之："学有所得，乐以忘忧。学无止境，斯孔子之愤与乐亦无止境。如是孳孳，惟日不足，而不知年岁之已往，斯诚一片化境。"① 如此之人生，怎能不自由，不顺遂呢？我想，如果楚大夫叶公再遇子路，听他说自己的老师虽已上了年龄却还在发愤好学，心中也不会不钦佩这个人吧？

> 《论语》二十篇开始即曰："学而时习之，不亦悦乎。有朋自远方来，不亦乐乎。人不知而不愠，不亦君子乎。"孔子一生为人，即在悦于学而乐于教。人之不知，亦当指不知此上两端言。故又曰："若圣与仁，则我岂敢。我学不厌而教不倦。"又曰："十室之邑，必有忠信如丘者焉，不如丘之好学也。"则孔子之自居，在学在教，不在求为一圣人。
>
> —— 钱穆《论语新解》再版序

---

① 钱穆：《论语新解》，第 165 页。

五　精神的要义

哲学在人文科学中独一无二，乃因为它是一门精神科学。此有两层涵义：(1) 以精神为研究对象；(2) 虽然研究对象看似无形，但它是一门真正的科学，用严格的方法呈现实在的结果。

我国传统中，孔子和他的学生的“孔颜之乐”即可以算作一种“精神”。但作为精神，它并不是后来被人们固定为标签化的一个现成的谓词，不是一种宣传性的广而告之的光环，而是自由之自我能够真实地学习和实现的东西。简言之，如果现在还有很多人身上承载着孔颜之乐，一箪食，一瓢饮，惟以学立命，那么这种精神就是存在的，如若不是，则要么是精神式微了，要么是人们把“文化”混同为“精神”了。文化是文教的成果，精神是自教的过程的展现。

黑格尔说道：

> 这个最后的精神形态——这个精神 *A* 赋予它的完全而真实的内容以自我的形式，从而就 *B* 同时实现了它的概念，并且 *C* 它在这个实现化过程里仍然保持在

它的概念之中——就是绝对知识；绝对知识是在精神
形态中认识着它自己的精神，换言之，是 *D* 〔精神对
精神自身的〕概念式的知识。真理在这里不仅自在地
完全等同于确定性，而且也具有自身确定性的形态，
或者说，*E* 真理是在它的特定存在中，这就是说，它
是在自己知道自己本身的形式下成为能知的精神的对
象。真理是这样的内容，*F* 这内容在宗教中还不等同
于它的确定性。可是，*G* 当内容获得了自我的形态时，
它就等同于它的确定性了。由于这样，本质本身，即
概念，就成为特定存在的要素，或者，*H* 对于意识具
有对象性的形式。在这种特定存在的要素中显现在意
识面前的精神，或者在这里换个说法也是一样的：意
识在这种要素中产生出来的精神，就是科学。①

且不论在黑格尔哲学中，他把精神叫作绝对知识，我
们也可以在这段话中看到精神的要义。首要的是它的三个
特征：*A* 完全而真实地实现在自我之中；*B* 作为自我的内
容，它可以成为一个概念，如我所举"孔颜之乐"的精神
在我们的文化里就可以被当作一个"概念"，即概念化的表
达；*C* 然而，概念是在实现化的过程中被保存下来的，即
具有某种自身形态，这个概念不是空的，是精神在填满它

① 〔德〕黑格尔：《精神现象学》（下卷），贺麟、王玖兴译，上海人民出
版社，2013，第 270~271 页。A-B-C-D-E-F-G-H 的结构是引者标
注的。

自身的时候的一种可以被认知的状态。所以，可把精神定义为：D 精神对精神自身的知识。如此，精神便是确凿无疑的东西，甚至就是"真理"的语义内涵。因为真理不仅仅是被当作确定性（的知识或教条）而看待的东西，如 F 在宗教中规定的教义或教理，虽然是确定性的，却还不是 E 在某种特定的存在中被认知的状态，即"在自己知道自己本身的形式下成为能知的"。举例来说，在儒学或者儒教里作为精神的孔颜之乐确乎是一个核心，但是如若它未经"实现化"、未经一个自我在自身中自己知道自己具有它，则它也谈不上什么"确定性"，谈不上真理性的"内容"。所以，G 只有当内容具有了自我观照的形式，才可以谈精神、谈真理。当一个精神概念具备了内容上的特定的存在，也就是当它在自我之中被实现了，确定性地表露出来的那个东西（精神），就能够被实现它的人看到并认识清楚，相对于主体的意识状态而言，H 成其为一个对象（实在）。黑格尔认为这种在意识中考查的"精神实在"，即是"科学"之内涵化的规定。举例来说，如果一个主体具备了对孔颜之乐的经验，他作为这样一个"精神体"，便不仅仅以一个概念的方式标记出它（如果孔颜之乐是一个空洞概念，它便是精神的墓地），而只有在这个概念的内涵不断溢满的状态下，展开的这种精神的本质，才是精神的要义，在这里，自我与精神和存在共属一体。

我们知道，科学所处理的对象几乎都是实在物，哪怕最小单位的粒子、元素，也是被当作实在物来看待的。哲学的真理的对象，虽然在物理属性上并非实在物，但确实是经由自我理性化的过程或知性的知识化的过程被检验出来或给予出来的实际性的东西，精神本身亦是一种实在，它被当作实在物在哲学中加以研究。例如20世纪欧陆哲学所广泛开展的关于"意识""意识哲学"的研究，就是把意识作为一个类似于物理性的粒子，在哲学中可称为单子（monad），研究它在人的知觉框架中如何广泛地影响人类心理与精神，是否尤其具备先天的数学化的逻辑演算因子，或者先天的大脑或身体机能的构成性要素，使其在精神的一般理性学说或病理学说中发挥关键性作用。这些研究看上去是新颖的，但其提问背景与笛卡尔、莱布尼茨（1646—1716）、康德、黑格尔等古典时期的哲学家是一致的。"精神即实体"是步入哲学问题之真理性堂奥的法门，它铺陈了哲学之本体论（或曰存在论）①的研究语境，决定了哲学是一门严格科学。像哲学这样把意识或者精神当作实在性对象来研究并落实到自我与存在之中的学问，并无其二，所以哲学——或者说人类这种从精神而来的发问——是独一无二的，是不可取代的。

如果说，精神是意识到自身的实在性的科学化进程，它就必然涉及现实存在物及其环境要素的诸样态与不论先

---

① 本体论与存在论都是对 ontology 一词的翻译。哲学史上的认识论都须回溯到 ontology 的根源上加以讨论才具有哲学性。具体论述可参见拙著《图式法与形而上学奠基》（社会科学文献出版社，2019）的"导论"部分。

天或后天的自我或主体相平衡的问题，也就是说，在精神相关的领域，摆放着一个恒久不变的探索的主题，即身、心彼此的分离与安顿，自然因果律与自由因果律的分异与兼容。虽然每个哲学家处理这个主题的方案不同，如笛卡尔的身心二元论，康德的表象性的知识理论与道义论，黑格尔的绝对知识（纯粹理念）等，但更值得我们注意的是：精神的这个内在进程均被他们看作动态的并最终能够呈现在经验表面的、将客体与主体制约性地平衡在某个中点或顶点的"力"，我们也时常会把这种平衡的"力"唤作"精神"——如在孔颜之乐中，它平衡的是物质之贫与求知之道之间的关系——故而，精神是在它自身动态性的平衡中形成一个"点"的整体性的静态支撑。换言之，精神是有力的。"所以，人是比他自己和世界都优越的存在物。作为这样一种存在物，人有能力进行反讽和幽默，它们包含了对自己的具体存在的超越。"①

　　然而，充满反讽意味的是：即使人们相信精神是有力的，但在本能欲求面前，精神之力往往与欲求之原始的力无法抗衡，人们虽然愿意看到精神彰显出它的力量，但在较量的等级上，又往往把它看作孱弱的，而毋宁屈从于欲望的强大。

　　舍勒将精神的力与本能欲求之间的抗争看作一场暴风

---

① 出自舍勒著名的文章《人在宇宙中的位置》。参见〔德〕马克思·舍勒《哲学人类学》，罗悌伦等译，北京师范大学出版社，2014，第144页。

168

雨，而"世界"就是这场暴风雨本身：

> 世界本身在多大程度上变成永恒的精神和欲求的完美躯体，这个本身没有时间性，但是在时间上把自己表现为有限体验的过程，就在多大程度上向它的目标、神性的自我实现靠拢。这个狂暴的暴风雨就是"世界"。只有在这个暴风雨的运动中，使价值和存在形式的秩序适应那些确实有作用的力，或相反，使力适应价值和存在形式的秩序，这个事件才可能发生。的确，在这个发展的过程中可能出现一个原始关系的逐步逆转。按照原始关系，较高级的存在形式是较弱的，而较低的存在形式是较强的。换言之，原本孱弱的精神和原本强大的，即与一切精神的观念和价值相比盲目的欲求，通过正在演变着的使隐藏万物的表象后面的压抑（Drangsale）变成精神和观念而相互渗透，同时使精神变得生机勃勃，并赋予它以力量——这便是有限存在和事件的目标和结局。[①]

也就是说，在与本性上较低级的、盲目的欲求相较量的过程中，在有限的存在体验发生的时间里，有可能调转欲望与精神的强弱关系，这种调转是通过压抑的手段达成的，其结果是欲望服从于较高级的精神所主导的秩序，人

---

① 〔德〕马克思·舍勒：《哲学人类学》，罗悌伦等译，第 166 页。

能够接近他的神性的自我。这个"自我"并不是平静的东
西或者不变的东西，而是历经暴风雨的洗礼，他对于世界
的观照，对于世界观照的深浅的程度，就在此经历中发生
巨变。当一种独立的精神通过自我被发现和完成了，他的
自我的世界也便随之成形和丰满了，变得生机勃勃。

　　人们在经验里不难发现，欲望要求人去顺从，为了顺
从它而奔向外部世界，而精神则不同，它要求自我在内部
世界产生否定。精神的发现一定比现世中的那个自我更高，
毋宁以精神之力否定欲求，或其他与它相抗的意志。在舍
勒的思想中，精神通过否定的力量从而展开"控制"（Len-
kung）与"引导"（Leitung）以回复和逆转它在与欲望抗
争中的积极性。① 简言之，欲望期待自我肯定它，而精神控
制和引导自我进行否定。

　　舍勒不同意黑格尔所谓绝对精神之展开就是人类历史
之展开的自动性的观点，因而赞同卡尔·马克思（1818—
1883）的历史观点，即历史中的人的活力同样有其兴趣与
激情要素的参与。他如是评价道：

　　　　精神与**生命之争**的这同一个过程，我们也在人类
　　历史上以另一种形式遇见到。黑格尔说，人类历史存
　　在于纯粹理念的阐释之中。当然，对于人类历史来说，
　　黑格尔的论点是站不住脚的；反之，……卡尔·马克

---

① 参见〔德〕马克思·舍勒《哲学人类学》，罗悌伦等译，第 157 页。

思的原理完全成立。马克思认为，没有经历过兴趣和激情的观念——即产生于人的活力和本能区域的力——在世界历史中经常不可避免地"出丑"。尽管如此，历史表现出一个总的说来在不断增长着的**给理性以权力**的趋势，但这个趋势又是通过观念和价值之间巨大的本能的群体倾向和兴趣联合，在不断地**占有**观念和价值的基础上实现的。即便在这里，我们也不可过高估价人的**精神和意志**对历史事物的进程的重要性。人的精神和人的欲望的重要性从来也不超过——这一点我已说过——**引导和控制**。这句话的意思不过是这样，精神以精神的身份用观念来**规劝**本能的力量，欲望则给必然已经存在的本能冲动提供这样的劝诫，或从冲动那里夺走之。①

亦即，单纯凭借精神的逆转是不能造就人的历史的正面发展的，人类不能单靠精神存活，须通过精神的引导和控制，吸收容纳和占据有生命有力的欲求的内在动力，人类才能够进步，才能增加更多的理性要素，才能升华。舍勒试图调和黑格尔与马克思，以使精神在控制、引导、规劝之协同性中，逐渐掌握欲望，促生文明史。即使他在这里不赞同黑格尔总体的观点，但仍然使用了黑格尔哲学中对精神之否定性要义的沿革，因为无论是控制，还是引导，

---

① 〔德〕马克思·舍勒：《哲学人类学》，罗悌伦等译，第 163～164 页。

其前提是否定。基于这一点，我们还是回到黑格尔再了解一个梗概。

黑格尔说道：

172

死亡，如果我们愿意这样称呼那种非现实的话，它是最可怕的东西，而要保持住死亡了的东西，则需要极大的力量。……但精神的生活不是害怕死亡而幸免于蹂躏的生活，而是敢于承当死亡并在死亡中得以自存的生活。精神只当它在绝对的支离破碎中能保全其自身时才赢得它的真实性。精神是这样的力量，不是因为它作为肯定的东西对否定的东西根本不加理睬，犹如我们平常对某种否定的东西只说这是虚无的或虚假的就算了事而随即转身他向不再闻问的那样，相反，精神所以是这种力量，乃是因为它敢于面对面地正视否定的东西并停留在那里。精神在否定的东西那里停留，这就是一种魔力，这种魔力就把否定的东西转化为存在。而这种魔力也就是……称之为主体的那种东西；主体当它赋予在它自己的因素里的规定性以具体存在时，就扬弃了抽象的，也就是说仅只一般地*存在着的*直接性，而这样一来它就成了真正的实体，成了存在，或者说，成了身外别无中介而自身即是中介的那种直接性。①

———————————

① 〔德〕黑格尔：《精神现象学》（上卷），贺麟、王玖兴译，第71-72页。

这段话很动情。死亡是人的最大的否定性，而精神并不惧怕死亡，甚至与死亡面对面，否定死亡，就是在类似死亡的支离破碎的状态下，精神才更真实。精神之否定的力不是不管不顾不理睬，而是扬弃。主体因为扬弃而挥别一般的存在性，最终因为扬弃的力量而将自身仅作为精神之物保存下来。我上本科时，陈春文先生在课堂上提及黑格尔的"扬弃"（Aufhebung），解释道："就像在麦场扬场，把麦子抛向头顶的风里，麦壳被吹跑了，留下谷粒落下来。"黑格尔的扬弃就是通过精神的劲风，吹走类似死亡的腐败的非现实性，而真正实现的，是主体活生生的存在，是精神体。在我看来，表达精神之否定性的诸多概念中，扬弃似乎比控制和引导更好。与一般性的存在（如欲望）相抗争的运动中，精神作为一贯可以将那总是要求人肯定它的本能欲求加以否定、加以扬弃之力，实现自身成为实体。因而，否定了死亡的精神在人类历史上可以是永恒的。

六　智慧与传统

　　概念化的思维方式、范畴对知性的限定、具体知识与自在知识的区分、范导性的理性、自我教育通向自由的途径以及精神的平衡与扬弃，这种种讨论向我们开示了：关于智慧，确有其事，哲学乃是踵事增华。"智慧是从上面（通过灵感）**灌注**给人，还是从下面通过人的实践理性的内在力量向上**攀登**，这是问题所在。"① 一般人们会认为"智慧"是一种被赐予的东西，而康德认为那是"伪哲学"，以哲学之名教条地教人以智慧的，皆是虚妄；真正的哲学在于引导，通过发掘人们内在的理性的力量或守护其天性的力量，不断攀登。

　　前文所引雅斯贝尔斯对柏拉图的评论中就有"引导（人们）达到那最后的智慧之光"这样的话，我名之为"智慧学"。其实，"智慧学"（Weisheitslehre）这个名称在康德哲学中就已经使用，而且规定得很明白，即是古代语境下的"哲学"，只不过在当代以更加理性化和科学化的方式在人的实践中体现。康德说：

---

① 《赖因霍尔德·伯恩哈德·雅赫曼的〈康德宗教哲学检验〉前言》，《康德著作全集》（第 8 卷），李秋零译，第 454 页。

在实践上、亦即为了我们的合理性的行为的准则而充分规定这个理念，这也就是**智慧学**，而智慧学作为科学又是古人理解这个词的意义上的**哲学**，在古人那里，哲学曾是对至善必须在其中设立的那个概念和至善必须借以获得的那个行为的指示。如果我们让这个词保留它的古代意义，即作为一种**至善的学说**，那就好了，只要理性致力于在其中使至善成为**科学**。因为一方面，这个附带的限制条件将会符合这个希腊术语（它意味着爱智慧），同时又毕竟足以把爱**科学**，因而爱理性的一切思辨知识，就其既为了那个概念而有助于理性，也有助于实践的规定根据而言，一并包括在哲学的名义之下，却又不会让惟有它能被称为智慧学所因之的那个主要目的从视野中消失。①

指明了哲学作为智慧学的两个关键点：其一，须以理性与实践相结合；其二，其应用目的在于至善，或曰"止于至善"。如果对于理性的运用损害了至善这个目的，或者在实践中因为缺乏理性的引导而抹杀了至善，那么由它们特有的方法而为之辩护的所谓"哲学"就成了伪善的学问，所以毋宁说，用智慧学这个名称替代这里的哲学，就是为了使得哲学不至于沉沦为工具理性或虚伪的实用的蛮干，

---

① 〔德〕伊曼努尔·康德：《实践理性批判》，《康德著作全集》（第5卷），李秋零译，第115页。

也就是说，在智慧学这个称谓里保存着"哲学作为一门科学"的基本形式。康德接着说道：

> 另一方面，对于胆敢以一个哲学家的头衔来自居的人，一旦人们通过定义而把将大大降低他的资格的自我评估尺度摆在他面前，就会吓退他的自大，这也不是坏事；因为做一位**智慧教师**，比起一个还一直没有达到足以用对一个如此高尚的目的的可靠期待来指导自己，更不用说指导别人的学生来说，也许要意味着更多的东西；它会意味着一个**了解智慧的大师**，它要说的将超过一个谦虚的人所自命的，而哲学将会和智慧本身一样，还一直保持为一个理想……①

简言之，智慧学这个名称至少可以吓退那些自命为哲学家的学者们，因为这个名称里面有几点要求：其一，它会逼问那些"哲学家"：你够智慧吗？其二，它会继续问：你的智慧足以教授别人，而把他们作为你的学生吗？其三，它还会问：如果你真的都能做到，你是否把哲学视作一个理想呢？我想，对于这些问题的回答，即如何做一名哲学教师，我在本书第一章已经阐述得较为清楚了。② 之所以人类历史上伟大的哲学家几乎均有教师这一重身份，就是因

---

① 〔德〕伊曼努尔·康德：《实践理性批判》，《康德著作全集》（第5卷），李秋零译，第115~116页。
② 参见第一讲第二、十二等节。

为他们都是"了解智慧的大师"。

　　哲学的教育发展为一种智慧学的教育，是指哲学教师在完善了自身的自由的同时，能够帮助别人找到并追求自身的自由。我在这里将至善等同于人类的最终自由。当然，这种自由并非现时当下的法律的、社会的、可以谋求的权利，而是教育的、智慧的、主体终其一生的担保，但毕竟后者是前者实现的条件。哲学教育的启蒙可以让人们在他所生活的社会里享受到一定的法权与尊重，如同自尊是赢得别人之尊重的前提一样。康德著名的文章《回答这个问题：什么是启蒙？》认为，虽然"只有少数人得以通过其自己的精神修养挣脱受监护状态，并仍然走得信心十足"，"也总是有一些自己思维的人，他们在自己甩脱了受监护状态的桎梏之后，将在自己周围传播一种理性地尊重每个人的独特价值和自己思维的天职的精神"，并且指出"在一切只要能够叫做自由的东西中最无害的自由，亦即在一切事物中**公开地运用**自己的理性的自由"①。

　　这种自由看似微弱，但确保了理性的安全运用，或者按照康德哲学的意见，"理性地尊重每个人的独特价值和自己思维的天职"。把这种尊重递归到哲学教育中看，即实现每个人的天性，实现尊重每个人的天性的教育。然而，也有学生曾经疑问地对我说："如果一个人的天性本身是不好的，该怎么办呢？比如说懒惰。"这便涉及人性之于天性的

---

　　① 参见《康德著作全集》（第8卷），李秋零译，第41页。

善与恶。我试图回答他说："不好的天性并不是危险的，懒惰也不是不可接受的，人生而具有危险性的恶的可能性虽然无法论证，但我们仍愿意将人的天性看作可以通过成长和实践，规范到至善的方向上去的。比如通过勤劳的劳动，将天性中懒惰的成分变成一种'慵懒'，即可以被接受和享受的一种懒惰，则是有可能的，也是对天性中懒惰的一种尊重。但前提是认识到懒惰的对立面'勤劳'是更重要的。"此中包含对自由的理解，即自由不是任意而为，不是不通过理性与实践相结合的历练过程就可以挥洒的东西。在哲学教育中，尊重任何一种哪怕看起来不那么令人欣赏的（天性）价值，在一般理性的条件下，引导它朝向纯粹性是可能的。康德有一段论述对说明这一点非常有益：

> 在我们身上重建向善的原初禀赋，并不是重获一种**丧失了的**向善的动机；因为这种存在于对道德法则的敬重之中的动机，我们永远也不会丧失。要是会丧失的话，我们也就永远不能重新获得它了。因此，这种重建，仅仅是建立道德法则作为我们所有准则的最高根据的**纯粹性**。按照这种纯粹性，道德法则不是仅仅与其它动机结合在一起，或者甚至把这些动机（偏好）当做条件来服从，而是应该以其全然的纯粹性，作为规定任性的自身**充足的**动机，而被纳入准则。原初的善也就是在遵循自己的义务方面**准则的圣洁性**，

因而是纯然出自义务的。这使那把这种纯洁性纳入自己的准则的人，虽然自身还并不由此就是圣洁的（因为在准则和行为之间还有很大距离），但却是已经踏上了在无限的进步中接近圣洁性的道路。[①]

朝向行为准则的纯粹性可以帮助人们理解他的义务的内涵，如哲学教师的义务是帮人得到智慧或走上追求智慧的求真之路，法官、律师和警察的义务是维护正义，医生的义务是让人们恢复健康，政治家的义务是为人民谋求福祉，艺术工作者的义务是塑造人与人之间真诚交流和沟通的媒介，技术人员的义务是缩短人与物或物理世界的距离，等等，这些义务内涵无一不是纯粹的，任何人都容易理解，但也是圣洁的。如果通过教育能让所有人反思性地回到纯粹性这个起点，那么从事人生理想的自我塑造的目的也就自然离人们的实践不远，复活天性的积极的价值也就会通过劳动而成型。无论康德或者黑格尔哲学，或者像孔子、苏格拉底这样的教师，都透过反思、理性、精神的强力，使得思想或人生具有劳动特质，但并非为了赢得外在价值的劳作，而是在自我意识领域、在人文主义的理想领域可实现的耕作。这样的劳动虽然是辛苦的，但也是圣洁的。人的天性的第一层意义是天赋的价值，第二层则是实现价

---

① 〔德〕康德：《单纯理性限度内的宗教》，李秋零译，商务印书馆，2012，第44页。

值的才能，第三层意义在于实践所带来的实现了的人格性。① 最后这一层意义，亦即成为天性纯粹之人，自己为自己立法，认定理想内涵，这种力量有似《庄子·天下》"独与天地精神往来"之意。

人如何能达到智慧，如何能有精神的力量呢？康德不厌其烦、苦口婆心，在他全部著作里不止一处提出的这三个原则在我看来是非常质朴和实用的：

> **智慧**作为理性的合法则的和完善的实践运用的理念，对人也许要求太高了；但是，哪怕是在最小的程度上，人也不能让另一个人给自己灌输智慧，而是必须从自身中产生出智慧。要达到这一点，方案包括三条引导到此的准则：1. 自己思维；2.（在与人们的交流中）站在他人的地位上思维；3. 任何时候都与自身一致地思维。②

并且他认为第 3 条准则，即一以贯之地思维的准则是

---

① "**第一种**禀赋不以理性为根源；**第二种**禀赋以虽然是实践的，但却只是隶属于其它动机的理性为根源；**第三种**禀赋则以自身就是实践的，即无条件地立法的理性为根源。人身上的所有这些禀赋都不仅仅（消极地）是**善的**（即它们与道德法则之间都没有冲突），而且还是**向善的禀赋**（即它们都促使人们遵守道德法则）。"（〔德〕康德：《单纯理性限度内的宗教》，李秋零译，第 23 页）

② 〔德〕伊曼努尔·康德：《实用人类学》，《康德著作全集》（第 7 卷），李秋零译，第 193~194 页。

最难达到的。① 《论语·里仁》孔子评价自己的话也是"吾道一以贯之"。然而，达到智慧还有什么不通过思维及劳动而获得的简便途径么？我想是没有的，而这也正是智慧学或曰哲学的引人入胜之处。

我所工作的兰州大学的校园很美。进入朴素的大学校门，迎面是三棵粗壮的老松树，我们叫它"三棵松"。三棵松像一架屏风，把大学最中央的一条路掩映了起来。绕过它们，就走上了通往图书馆的那条中央甬道。现在兰大的校徽图案就是图书馆。然而在我读书那时候，老校徽的图案是位于图书馆道中点的一个雕塑形象。此雕塑临于圆形的水池之中，从水面腾起，既像是一条跃出池塘的鱼，又像是一只正在伸展双翅的鸟。其形又非常现代，却是从《庄子》首篇《逍遥游》之首段提取的"鲲化鹏"形象。"北冥有鱼，其名为鲲。鲲之大，不知其几千里也。化而为鸟，其名为鹏。鹏之背，不知其几千里也；怒而飞，其翼若垂天之云。是鸟也，海运则将徙于南冥。南冥者，天池也。"这段话脍炙人口，几乎中国人都能背诵。而兰州大学刚好处于中国的西北，那雕塑则冲着正南方向，似乎正在朝着更高远的目标腾飞。以鲲化鹏为圆心，依次涟漪似延展荡开的校园，其紧靠着雕塑水池的是两座花园，再次才是各教学楼、办公楼。我一直认为先辈们这样设计校园是

---

① 参见〔德〕伊曼努尔·康德《判断力批判》，《康德著作全集》（第5卷），李秋零译，第307页。

极有智慧的。花园中常见休憩、悠游、赏玩的学子，他们在这里是自由的，是贴近自然的。兰州大学主校区的这种布局就像是以鲲鹏壮志的理念为圆心，以自由与学术为它的半径，汇聚八方人文、英才，实现真正的教育目的，让学生自己思维，站在别人的立场上思维，自身一致地思维。我对学生们说："鲲化鹏所面对的正南方向刚好是兰州火车站，大家从自己的家乡来到兰大，就像小鱼儿游到了北冥。大学之大乃在于求学志向的远大，我们学习也是为了自身自由的转化。这是我们的精神传统。"所谓传统，即历史所保存的较为纯粹或最纯粹的价值，人们依靠这些价值形成生活习惯与实践。

拉斐尔《雅典学院》

在这画幅中，自古希腊到文艺复兴时期的哲学家、科学家聚集一堂

看来我们在有生之年只能尽量接近知识，其办法是尽可能避免与肉体接触往来，非绝对必须时不碰，不受肉体本性的影响，使自己纯粹独处，直到最后神使我们解脱。像这样，我们摆脱肉体的愚昧，保持纯粹，我想就大概可以与我们的侪辈相通，对纯粹的东西获得直接的知识，这也许就是认识真理了。因为自己不纯粹是不能达到纯粹的东西的。

……

那些真正爱智慧的人是仰慕死的，至少死在他们看来不像其余的人那样觉得可怕。他们对肉体十分不满，深愿灵魂脱离肉体而独立存在。如果在这件事发生的时候他们惊惶失措悲不自胜，那不是非常愚蠢的吗？难道他们会不乐意前往那可望达到终生向往的目标——智慧——的处所，不想避开与所恨的对象朝夕共处吗？的确有很多人曾经凭自己的自由意志选定，要追随已故的爱人、妻子和儿子前往另一个世界，希望在那里见到自己所向往的人，同他们在一起。真正爱智慧并且坚信能在另一个世界找到智慧的人，怎么会在临死的时候悲痛，怎么会不乐意前往呢？我认为不会这样，朋友啊，如果他真是哲人的话；因为他会深信不疑地认为自己只有到那另一个世界里才会找到不折不扣的智慧。

—— 柏拉图《斐多篇》

第二讲　关于智慧

第三讲

爱是什么？

一　爱的前提

凡在时间中的，皆不自由。对人的生存而言，不能获得必然之自由这一点尤为自然。① 然而，自由又必定是被认定为于人类而言，可实现的。康德曾言："先验的自由必须被设想为对于一切经验性的东西，因而对于一般自然的独立性，无论这自然是被视为仅仅在时间中的内部感官对象，还是被视为同时在空间和时间中的外部感官对象，没有这种惟一是先天实践性的（在后面这种本真意义上的）自由，任何道德法则、任何按照道德法则的归责都是不可能的。"②

---

① "因为在每个时间点上，我毕竟总是服从必然性的，即被**不受我控制的东西**所规定而去行动，我永远只会按照一个已经预先规定好的秩序来延续、却绝不会自行开始的那个来自以前的无限的事件序列，就会是一个连续不断的自然链条，因而我的因果性绝不会是自由。"〔〔德〕伊曼努尔·康德：《实践理性批判》，《康德著作全集》（第5卷），李秋零译，第101页〕在这段话中，康德明确指出事件的序列并非时间的序列，而后者才是属于自然性质的序列或"自然链条"，它才是必然的，不受人所控制。经验中的人必然不能穿梭回到过去的时间里改变他所经历过的事件，而只能在事件的序列中改变自己，康德哲学从而区分了因于自然的因果性概念与因于自由的因果性概念。

② 〔德〕伊曼努尔·康德：《实践理性批判》，《康德著作全集》（第5卷），李秋零译，第103页。

死亡是人类生存的个体性的终点，也是终极的不自由，就像哲学例证中经常会提到的一个经典三段论①的大前提所说的那样：人皆有死。作为"同时在空间和时间中的外部感官对象"的"死"，可以是这样的：

> 日常共处的公众意见把死亡"认作"不断摆到眼前的事件，即"死亡事件"。这个或那个亲近的人或疏远的人"死了"。每日每时都有不相识的人们"死着"。"死亡"作为熟知的、世内摆到眼前的事件来照面。作为这样一种事件，死亡保持在那种用以描述日常照面者特征的不触目状态中。常人对这类事件也已经备好了一种解释。对此道出的话以及多半是有所保留的"躲躲闪闪"的话都像是说：人终有一死，但自己当下还没碰上。②

即"他人"的死。人类所能经历的死亡的事实，除了他人的死，便是自己的死，后者具有"向来我属"（mineness）的本质，即如俗语所说：一样生，百样死。日常共处的他人与"我"在生活上都很相像，然而每个个体所具有的死的形态却千差万别，只有个体能够承担，与他人的死无关。故而，作为"仅仅在时间中的内部感官对象"的

---

① 大前提：人皆有死。小前提：苏格拉底是人。结论：苏格拉底有死。
② 〔德〕海德格尔：《存在与时间（修订译本）》，陈嘉映、王庆节合译，熊伟校，陈嘉映修订，生活·读书·新知三联书店，1999，第290页。

"死"是这样的：

> 死显现出：死亡在存在论上是由向来我属性与生
> 存组建起来的。死不是一个事件，而是一种须从生存
> 论上加以领会的现象……①

人无法预知自己的死，只能在生存论上领会这个"前
提"。对于死亡的认识，是在人生中通过他人的死，而一点
一点有所经验的。因而，那些死去的人并未真正消逝，而
是活在活着的人的回忆或者理解当中。越是亲近的人的死
亡带给活着的人的，除却痛苦，是对他或她的生命的日益
深刻与明晰的理解和认同，从而对自己的生命发挥重要影
响。法国作家马塞尔·普鲁斯特对此阐发得殊为鸿邃——
他在小说《追忆似水年华》中谈到主人公外祖母的死：

> *A* 因为死者只存在于我们心中，当我们固执地一
> 味回忆我们曾给予他们的种种打击时，我们不停鞭挞
> 的正是我们自己。这痛苦，虽然撕心裂肺，我却紧紧
> 抓住不放，因为我深切地感到它是我对外祖母怀念的
> 作用所致，是这一怀念之情真正存在于我心头的具体
> 证据。我感到真的只有通过痛苦才回想起她来，我多
> 么希望那维系着对她怀念之情的钉子在我心间扎得更

---

① 〔德〕海德格尔：《存在与时间（修订译本）》，陈嘉映、王庆节合译，
　熊伟校，陈嘉映修订，第 276 页。

深，更牢。我并不试图通过对她的照片……低语、祈祷而减轻痛苦，美化这种痛苦，自欺欺人，似乎外祖母只是出门在外，暂时不得见面而已，就像我们朝着一个远离我们的人儿低语、祈祷，他虽然孑然一身，但却熟悉我们，永远永远与我们融为一体。*B* 但是，我从未这样做过，因为我所坚持的不仅仅是忍受痛苦，而且要尊重我痛苦的独特面貌，尊重我无意中突然遭受的那种苦痛，每当与交织在我心头的存在与虚无格格不入的那阵抽搐重又浮现眼前，我便心甘情愿地遵循那一痛苦的规律，继续经受痛苦的煎熬。在那当时有着切肤之痛，如今却无法理解的感觉中，我确实并不知道日后哪一天会有可能悟出几分真情，但我知道，哪怕从中可以得出一分真情，那它也只能源出于那一感觉，那感觉是多么别具一格，多么自然而然地产生，它既没有由我的理智划定运行轨迹，也没有因为我的怯懦而减弱，而是 *C* 死亡本身，死亡的突然出现，犹如雷击，按照一个超自然的、非人类的曲线图，在我心间铭刻下的标记，仿佛留下了一条双重神秘的印迹。①

　　阐释出三个重点内容：*A* 他人的死加在"我"的身上的痛苦是"他"与"我"共在的一种印证；*B* "我"应当

---

① 〔法〕普鲁斯特：《追忆似水年华》（第四卷），许钧、杨松河译，译林出版社，2012，第 153 页。A–B–C 的结构是引者标记的。

尊重这种痛苦本身的规律，承担起它的历程，如此才能在他人的死中领悟到"真情"所在；C 因此，"死亡本身"可以被独立地看待，它不仅是属于"他"的死或"我"的死，而是一个"超自然的"标记，把死去的人与活着的人统括在内，具有"他"与"我"的双重性。在死亡面前，在这种终极的不自由的影响下，"他"与"我"的关系才被厘定了，即这个世界是我们所共同的。海德格尔在哲学上的说明也因此值得铭记：

> "他人"并不等于说在我之外的全体余数，而这个我则从这全部余数中兀然特立；他人倒是我们本身多半与之无别、我们也在其中的那些人。这个和他人一起的"也在此"没有一种在一个世界之内"共同"现成存在的存在论的性质。这个"共同"是一种此在式的共同。这个"也"是指存在的同等，存在则是寻视着操劳在世的存在。"共同"与"也"都须从生存论上来了解，而不可从范畴上来了解。由于这种有共同性的在世之故，世界向来已经总是我和他人共同分有的世界。此在的世界是共同世界。"在之中"就是与他人共同存在。他人的在世界之内的自在存在就是共同此在。①

---

① 〔德〕海德格尔：《存在与时间（修订译本）》，陈嘉映、王庆节合译，熊伟校，陈嘉映修订，第137~138页。

即是说"共同"并非并列着的现成存在的"在一起"（以"他"加上"我"的模式来理解），而是均作为与寻视操劳的此在（"我"）的"照面"。世界本来的意思也并非所有存在人与事的集合，而是其本身具有生存论上的共同性，即总在寻视、总在操劳、总在照面中的共同此在。[①] 他人的死以"我"的痛苦的形式使得"他"与"我"照面，共同存在。

普鲁斯特的描写已然具有"他人的在世界之内的自在存在"与主人公的此在相"照面"的意涵，因而激起更多的"真情"。在"共同性"的角度下看，也可以理解为主人公与他的真实的"此在"的照面，所以"在我心间铭刻"。深刻的文学描写总是不一而足的。这里再举个例子。俄国作家列夫·托尔斯泰（1828—1910）的小说《安娜·卡列尼娜》也描写了主人公列文[②]在他濒临死亡的哥哥身上第一次意识到了死亡本身：

　　　　死，万有的不可逃避的终结，第一次带着不可抵

---

① 海德格尔之所以要在"共同性""共同世界""共同此在"等概念上加着重号，实际意味着我们所说的"世界"就等于"共同世界"，"此在"就等于"共同此在"，这是要从生存论上来体会的。

② 这里指小说人物康斯丹丁·地米特立维奇·列文。《安娜·卡列尼娜》有两条叙事线索，除了书名中出现的女性人物安娜的叙事线索，另一条线即是男性人物列文，两条线几乎平行。前一条线索写爱情与婚姻的希望沦落到绝望的过程，后一条则相反，从绝望到希望。两条线勾勒出的人类生活的框架中智慧地容纳了生存历史的种种现象。托尔斯泰曾经想用《两段婚姻》等为名出版小说，后来才改用安娜之名来点睛。

抗的力量出现在他面前。而死——就在这位亲爱的哥哥的身体里面，他半睡半醒地呻吟着，而且因为习惯混淆不清地叫唤着上帝和魔鬼——对于他已不似从前那么远隔了。他感到它也在他自己的身体内面。不是今天，就是明天，不是明天，就总在三十年之内，可还不是一样！这无可逃避的死到底是什么——他不知道，也从没有想过，而且也没有力量，没有勇气去想它。

……

他在黑暗中坐在他床上蜷缩着身体，抱着他的两膝，由于思想的紧张而屏息着，他在沉思。但是他愈紧张地思想，他就愈看得明白：这无疑是这么回事，实际上他在人生中遗忘了看漏了一个小小的事实——死会到来，一切都会完结……。是的，这是可怕的，但是实在是这么回事。[①]

更为直接地说明了死亡之于存在的"共同性"，然而，如此这般的"先天实践性的"事实却那么容易被遗忘。

在哲学课堂上，我会问学生是否知道死这回事："当我们每天清晨睡醒，认为新的一天又可以像平常一样开始，又是一个通常的生的日子，可同样，这一天也是朝向人的终了的死亡的一天，在这一天里，生和死是一回事。"正像

---

① 〔俄〕列夫·托尔斯泰：《安娜·卡列尼娜》，周笕、罗稷南译，生活·读书·新知三联书店，2019，第414页。

托尔斯泰所说：不是今天，就是明天，不是明天，就总在几十年之内，还是一样。

　　向死而生、向死存在，是哲学家海德格尔的奠基性著作《存在与时间》为思想史留下的一项贡献，他论述了死亡的"向来我属性"，展现了他人与此在的世界性的共同性。但他指出的更关键的思想是：在死亡这个终极不自由的整体性的视域下，每一个"此在"① 都会成为一个"能在"，即存在的可能性、可能的存在，而非单纯"在世界中存在"的此在：

　　　　A 死亡是此在本身向来不得不承担下来的存在可能性。随着死亡，此在本身在其最本己的能在中悬临于自身之前。*B* 此在在这种可能性中完完全全以它的在世为本旨。此在的死亡是不再能此在的可能性。当此在作为这种可能性悬临于它自身之前时，它就被充分地指引向它最本己的能在了。*C* 在如此悬临自身之际，此在之中对其他此在的一切关联都解除了。这种最本己的无所关联的可能性同时就是最极端的可能性。*D* 此在这种能在逾越不过死亡这种可能性。死亡是完

---

① Dasein，可译为此在、亲在或达在，这里为图简便，仍使用被广泛接受的"此在"这个译名。海德格尔用它来指生存论视域中的人，即朝向存在而在的存在者，他具有对存在的更本质的领悟，而不单单是作为"人"——被生物学、心理学、历史学视野所普遍规定了的——"生"之主体。故此，《存在与时间》从死亡出发来讨论此在的本真性问题，在思想史上是别具一格的。

完全全的此在之不可能的可能性。*E* 于是死亡绽露为最本己的、无所关联的、不可逾越的可能性。作为这种可能性，死亡是一种与众不同的悬临。*F* 这种与众不同的悬临在生存论上的可能性根据于：此在本质上对它自身是展开的，而其展开的方式则是先行于自身。①

由于海德格尔的术语未必容易理解，所以我划定了A—F的结构，根据一个例子来解释这段话的涵义。上述引文中，普鲁斯特写下的主人公与"外祖母"的那一段，在现实生活里，其实隐含的是他自己与母亲的关系。普鲁斯特从小体弱多病，由于母亲的悉心照料，才长大成人，他的自立能力始终不足以支撑起自己，当他的母亲离开了人世，*A* 普鲁斯特痛苦地感到死亡的悬临，似乎一切生的希望都从他身上被剥夺了，他还能怎样继续自己的生活，作为一个怎样的"能在"呢？*B* 母亲的死就如同切断了他与生的联系，似乎已经不能够再继续他的"此在"了，然而就在这样的极端状况下，他"被充分地指引向它最本己的能在"，他回忆起小时候母亲给他读书的时光，回忆起他们一起翻译作品时的温暖的过往，他决定不再浪费时间、虚度光阴，他那时才开始构思创作《追忆似水年华》；*C* 为了节省体力和精力，他几乎断绝了一切社会交往，搬到了一间与世隔绝的住处，把与"其他此在的一切关联都解除

① 〔德〕海德格尔：《存在与时间（修订译本）》，陈嘉映、王庆节合译，熊伟校，陈嘉映修订，第288页。

了"，一面忍耐着身体的种种不适，一面做着关于写作小说的种种研究，把自己推到了"最极端的可能性"当中；D此时的普鲁斯特的生命在此在的意义上已经完结了，创作本身也太辛苦了，他的身体每况愈下，他最担心的就是在死前不能完成他的追忆的作品，他开始了与死亡的赛跑，逾越那不可逾越的可能性；E《追忆似水年华》就像是悬临着的他的死，把他余下的时间一点一滴地汇聚成文字，把他的生命吞噬着，把普鲁斯特这个名字镌刻在他的"能在"中，是这样的"与众不同"；F随着作品的展开，他最后赢得了赛跑，在出版了最后一卷小说之后不久，他安息了，他的后半生只做了一件事，证明了能在的自己"其展开的方式则是先行于自身"。

"没有这种惟一是先天实践性的（……本真意义上的）自由"，人类历史上则不会有《追忆似水年华》和浓墨重彩的"普鲁斯特"这个名字了，可以说它们是自由的化身。作家通过对死亡的亲身感触的、难以磨灭的体会，从自身的"能在"中开放出"此在"的所有存在内涵。亦如康德所言，"自由"只有是这种先行于自身的、先验的、本真的、任何道德法则以及道德法则的归责因之而成为可能的"自由"，才是人类所享的"自由"本身，除此之外，人类没有别样的自由。普鲁斯特因为《追忆似水年华》放弃了其他此在的可能性，逾越了不可逾越的死。回到海德格尔——

　　　　这种最本己的、无所关联的可能性是无可逾越的。

向这种可能性存在使此在领会到，作为生存之最极端的可能性而悬临在它面前的是：放弃自己本身。但这种先行却不像非本真的向死存在那样闪避这种无可逾越之境，而是为这种无可逾越之境而给自身以自由。①

向死而在的先行性、本真性，即自由。

海德格尔在花园中

---

① 〔德〕海德格尔：《存在与时间（修订译本）》，陈嘉映、王庆节合译，熊伟校，陈嘉映修订，第303页。

为什么在谈论"爱是什么"这个问题之前，首先论述了死亡与自由？托尔斯泰笔下的主人公在他哥哥死后，如是体会到：

> 尽管有死这个事实，他还是感到不能不活，不能不爱。他感到是爱把他从绝望中救了出来。而这爱，在绝望的威胁之下，变得更强烈更纯洁了。没有解决的死的神秘，差不多还没有在他眼前过去，另一个同样不可解的却促使他爱和生活的神秘又发生出来了。①

普鲁斯特开始真正的创作也是因为对于母亲的爱。本真的向死而生与爱的发生是同时的，这里谈论的爱，不是一时的热情，而是永恒的自由。

---

① 〔俄〕列夫·托尔斯泰：《安娜·卡列尼娜》，周笕、罗稷南译，第597页。

二 爱的痛苦

海德格尔的学生，汉娜·阿伦特，因为注意到他未在《存在与时间》中讨论死亡后继而揭示爱的意义，转而在雅斯贝尔斯的指导下，完成了她的博士学位论文《爱与圣奥古斯丁》，也正是在这部有灵气的著作中，年轻的阿伦特表达了对海德格尔思想的不满。[①] 她根据奥古斯丁，区分了贪爱与圣爱，前者是典型的世俗的情欲之爱，后者可以被看作对贪爱的明显超越，虽然两者有着共同的根源："爱被理解为渴欲（appetitus），按照从亚里士多德到普罗提诺的希腊传统，欲望构成了圣爱（caritas）和贪爱（cupiditas）的共同根源"，"严格来说，既无爱也无欲的人不存在"[②]。

意欲或意志是对存在状态的渴求，所以对于此种"关于……的爱"的形式就要在意志或自由意志的范围内重新加以考察：

---

① 关于阿伦特和海德格尔爱与思纠葛的生命历程，可参考〔德〕安东尼娅·格鲁嫩贝格《阿伦特与海德格尔——爱和思的故事》，陈春文译，商务印书馆，2016。

② 〔美〕汉娜·阿伦特著，〔美〕J. V. 斯考特、J. C. 斯塔克编《爱与圣奥古斯丁》，王寅丽、池伟添译，漓江出版社，2019，第57页。

奥古斯丁在讨论自由意志，或者毋宁说，选择自由……时，不是把自由跟圣爱对立，而是把自由跟贪爱对立，贪爱在那里被界定为情欲（*libido*）或贪欲，意即人对会违背自身意愿而丧失的东西的爱。①

自由只存在于欲望止息之处。这个自由可以凭借努斯（*nous*），即人类精神，在此生得到实现，努斯的主要特征就是只与自身相关。从生命的角度看，这种精神只与自身相关的状态无异于一种死亡。就我们活着和活动（欲望也是一种活动）而言，我们不可避免地要涉入自身之外的某物而不得自由。但根据普罗提诺的说法，精神的源头不在自身之外的某物，而就是自身的善。② 自由"必须不关乎行为，不关乎外物，只关乎内在活动，关乎**理智**，关乎德性自身的直观（*vision*）"。③

我们因此很容易看到贪爱与圣爱的差别：贪爱不可能获得的"自由"只能在圣爱中实现，与其说圣爱是对于神

---

① 〔美〕汉娜·阿伦特著，〔美〕J. V. 斯考特、J. C. 斯塔克编《爱与圣奥古斯丁》，王寅丽、池伟添译，第60页。
② 阿伦特认为普罗提诺在这一点上比奥古斯丁更坚定、更彻底。
③ 〔美〕汉娜·阿伦特著，〔美〕J. V. 斯考特、J. C. 斯塔克编《爱与圣奥古斯丁》，王寅丽、池伟添译，第62页。

性（例如上帝）的另一种贪爱，① 不如说是精神自身所维系的善，意志因为精神之善而止息，类似于死亡。当然这是类似于海德格尔语境下的死亡，最大的可能性之悬临。更简单地说来，死亡和自由相关联的命题区间所激扬出来的积极价值乃在于真正的爱。

对于贪爱，阿伦特这样写道：

> 眼目情欲只想知道世上的事，其目的既非为了反思自身，也丝毫不是为了寻求任何别的愉悦。因为愉悦，或感官享乐（*voluptas*），总是寻求任何令感官愉快的东西，比如美的事物令眼睛愉悦，优美的旋律令耳朵愉悦，柔软的东西令触觉愉悦，香的东西令嗅觉愉悦。可是视觉跟其他感觉不同的是，"越危险的事物"，对它来说比单纯的美好事物更有吸引力。眼睛是唯一渴望去看丝毫不令我们愉悦的事物的器官："不是为了找罪受，而是渴望去经历，去认识。"②

---

① 虽然在基督教思想中，圣爱意味着对上帝的爱，但是在奥古斯丁的思想中别有一种含义，他认为如果对上帝的爱也是意欲的爱的话，那么也属于一种贪爱。圣爱的意思毋宁是与神性的存在保持着一种在世的关联，时时具有纯真的心灵。"奥古斯丁用 inhaerere 这个词来表示爱者和被爱者的亲密联合（这个词通常译为'抓住'，并主要用在 inhaerere Deo，即'抓住上帝'这个表达中），表示一种未被上帝遗弃的在世存有状态。"（〔美〕汉娜·阿伦特著，〔美〕J. V. 斯考特、J. C. 斯塔克编《爱与圣奥古斯丁》，王寅丽、池伟添译，第 59 页）"未被上帝遗弃"在此可以理解为"未被贪欲全然蒙蔽"。

② 〔美〕汉娜·阿伦特著，〔美〕J. V. 斯考特、J. C. 斯塔克编《爱与圣奥古斯丁》，王寅丽、池伟添译，第 65 页。

这不仅让人想到任何一段情欲或浪漫史的发生都以眼睛看见对方的第一时间为起点。精彩的描写出自托尔斯泰笔下：

> 凭着社交界中人的眼力，瞥了一瞥这位妇人的风姿……感到他非得再看她一眼不可。这并不是因为她非常美丽，也不是因为她全部姿态上所显露出来的端丽和温雅，而是因为在她走过他身边时她那迷人的脸面的表情上带了几分特别的怜爱和温柔。当他回过头来看的时候，她也掉过头来了。她那双在浓密的睫毛下面显得阴暗了的闪耀的灰色的眼睛带着亲切的注意盯住在他的脸上，好像是她在认识他一样，然后立刻转向走过的人群，像是在寻找什么人似的。在那短促的一瞥中，他①已经注意到了有一种被压抑的热望流露在她的脸上，在亮晶晶的眼睛和她把②朱唇弄弯曲了的轻微的笑容之间掠过，仿佛她的天性是这样盈溢着某种东西。它违反她的意志，时而在她的眼睛的闪光里，时而在她的微笑中显现出来。审慎地，她隐蔽她眼睛里的光辉，但它却违反她的意志在隐约可辨的微笑里

---

① 原文为"渥伦斯奇"，安娜的情人的名字。这是安娜其人在小说中的首次登场，写得勾魂摄魄，却都是从情人的眼睛中写出。渥伦斯奇的回眸也正是为了那"越危险的事物"，"不是为了找罪受，而是渴望去经历，去认识"。
② 原文此处有"的"字，应是衍文。

闪烁着。①

　　"它违反她的意志"即证明了"意志本身是不充分的"②。这是什么意思呢？这位贵妇人顾及社会及身份，在意志上绝不愿自己流露出初次瞥见情人时的情思，甚至这时还不能构成所谓的"情思"，但是那种天然的"被压抑的热望"，比意志更为有力却隐约存在的东西，在她眼中透露着，托尔斯泰指出是她的某种"天性"。阿伦特援引奥古斯丁的观察，曾点破这个人类存在的事实：

　　　　因为意志下命令，才有意志。这意志并非别物，即是意志本身。但完全的意志不会下命令，因此下命令的意志才会令出不行。因为如果意志是完全的，它就无需命令自身，意志也就不存在。因此，意志一半愿意一半不愿并非咄咄怪事，而是心灵的病态。心灵虽有真理的支持，但在习惯的重压下仍难以站立。③

　　我们不妨把流露的情欲的"天性"的描写等同于奥古

---

① 〔俄〕列夫·托尔斯泰：《安娜·卡列尼娜》，周笕、罗稷南译，第76页。
② 〔美〕汉娜·阿伦特著，〔美〕J. V. 斯考特、J. C. 斯塔克编《爱与圣奥古斯丁》，王寅丽、池伟添译，第149页。
③ 这段文字源于奥古斯丁的《忏悔录》，转引自〔美〕汉娜·阿伦特著，〔美〕J. V. 斯考特、J. C. 斯塔克编《爱与圣奥古斯丁》，王寅丽、池伟添译，第148~149页。

斯丁在这里所说的"心灵的病态"，当然这并不是指实际的心理疾病，而是意志本身的缺乏状态，即意志本身并不能够完全按照它颁布的命令行事。情欲的痛苦往往除了来自意志难以伸张，即现实层面不能够顺利地依照自身意愿（对属于自己的爱的活动下命令，而达到想要的结果)，更多的情形则在于潜在层面受制于对自身隐藏着的、未曾向自我表露的欲望或意愿的无知、难解。这就是为何情欲的痛苦往往夹带着疑虑和困惑的原因，以致"病态的"心灵很难完整地向它自己揭示出它想要的是什么。虽说"幸福"似乎是大多数情欲活动向往的家，但即便在最热烈的情爱中，彼此碰撞的双方的逐渐改变和表露的意志却常常不能够协调，致使他们距离幸福越来越远：

> 我的爱情是越更越更热烈和自私，而他的却越更越更冷下去。这是我们越离越远的理由。而且这是毫无办法的。他对于我是一切的一切，而且我要求他全心全力向着我，而他却想要远离我。是的，当初我们是无可抵抗地互相吸引着的；而现在我们无可抵抗地互相拒斥着的。而且这是不能改变的。他说我是疯狂地忌妒的，而我自己也常常以为我是如此的，然而这是不对的。我并不是忌妒，而是不满足。……因此我引起他的厌憎，他引起我的怨恨，而且无可转还。难道我不知道他并不想欺骗我……并不愿辜负我么？我知道这一切，但是这不能使我心安。仁慈待我，只是

出于义务的动机，而不出于爱情，那是比不仁慈更其恶劣的。而这种情形确已发生了。从那时起他就已不爱我了。当爱完结的时候仇恨开始。……我要怎样才算是幸福呢？……①

这是《安娜·卡列尼娜》的女主人公安娜自杀前最后的心理活动和自我剖析。她的悲剧看上去有两个根源：其一，两人意志行动的日渐分离，相互拒斥；其二，理智上未将义务看作全善，而把所有一切都押在了"爱情"上，误以为"爱情"的善即"幸福"。托尔斯泰的描写具有普遍性，爱的痛苦的体现莫过如此。托马斯·曼评论托尔斯泰这部作品时说："这就叫做摆脱任何人为做作和病态嬉戏的危险，回归原初本真和健康，回归存在于自身之内的原初本真和健康的东西。"②

原初的本真和健康莫过于理智或理性自身所蕴涵的"善"，回到奥古斯丁的分析，即心灵所具有的"真理的支持"，可是人在生存的现实状态却往往难以承受"习惯的重压"。我常想，为何如今七八成以上的流行歌曲都是称颂爱情的呢？好像人们已经把爱情的美好看作不变的核心的事实，习惯性地向往和追求着它，也似乎愿意将全部的生活

① 〔俄〕列夫·托尔斯泰：《安娜·卡列尼娜》，周笕、罗稷南译，第862~863页。
② 参见《论〈安娜·卡列尼娜〉——为一个美国版英译托尔斯泰作品集写的序》一文，收录于〔德〕托马斯·曼《歌德与托尔斯泰》，朱雁冰译，第253页。

的幸福赌在其上。难道经历过"爱情"的人们不是很容易就遭遇到爱的痛苦吗？这种痛苦的根源难道不是自由意志在时间上的间断性？无法真正在贪爱中渗入永恒，甚至情愿抹杀未来的时间和秩序？难道贪爱不是对存在的挑衅吗？

> 人的存在在于活动行事，即总是以这样那样的方式运动，从而无论如何都与永恒的"自身持存"（*permanere in se*）相反。……人类生命的标志正是它能明确采取这一参照点，并在圣爱中有意识地把握它……①

列夫·托尔斯泰在书房

---

① 〔美〕汉娜·阿伦特著，〔美〕J. V. 斯考特、J. C. 斯塔克编《爱与圣奥古斯丁》，王寅丽、池伟添译，第 103 页。

"我觉得需要，"托尔斯泰在谈到他的青年时代时写道，"为每个人所了解和爱，需要人们提到我的名字——所有的人应从这一通报得到深刻印象，聚集在我周围并为某些事而对我表示感谢……"这段话写得很早，还在他构思他的某一部艺术作品以前，还在他认识到须创建一个新的、实际的、尘世的、无教条的宗教这种思想以前，根据他的日记记载，他产生这一想法时刚好二十七岁。他觉得，他的名字，他单纯的名字列夫·托尔斯泰，这个说明他隐隐约约而又强有力地躁动着的自我的简洁表达形式，应不亚于一个对世界的"通报"，世界由此出于一个暂时尚不确定的理由而产生深刻印象，并被推动怀着感恩之情聚集在他周围。

—— 托马斯·曼《歌德与托尔斯泰——人文论题未完稿》

三　善与恶

奥古斯丁写道：

> 既然我们不能把握永恒之事，并为污秽的罪恶所
> 累，这罪恶因我们爱尘世之事而有，几乎成了我们有
> 死之根上的天然的枝叶；所以我们需要得洁净。但我
> 们既已与尘世之事打成一片，被它们捆绑住了，那么，
> 除非藉着尘世之事，我们就不能得洁净，与永恒的事
> 打成一片。……无用的尘世之事只能够欺骗病人，令
> 他们失望；有用的现世之事则帮助他们康复，且进至
> 永恒之事。有理性的心一旦得以洁净，就该默想永恒
> 之事；当它需要洁净的时候，它就该相信尘世之事。①

为了接近永恒，有理性的人需要借助尘世之事帮助自
己洁净，虽然尘世往往令人陷入罪恶。虽然，奥古斯丁会
认为恶的来源是贪欲，"所谓贪婪，即是意求比足够的还

---

① 〔古罗马〕奥古斯丁：《论三位一体》，周伟驰译，商务印书馆，2018，第147页。

多……而贪念就是邪恶的意志"①，也就是说，使人陷入罪恶的是贪求比人的本性所需更多的东西，对属于"我"或"我们"的东西具有执着的超乎一般需求的贪念，如美丽的肉体、自任的放纵、与我们有必要关系的人的利益、国家的荣誉、知名度以及可支配的财产。②

在西方哲学史中，虽说有关"自由意志是恶的来源"的命题以奥古斯丁为代表，但我们还需作出更细致的区分，以指明这个命题的内涵依据。首先，应当将"罪"与"恶"这两个概念分层次去看。所谓罪，一方面是贪念的作用大幅度地引起了社会性损害，造成了他人的莫大的苦痛，即犯罪，这是该由法律或法学所探讨的，因为犯罪本身就是极恶，所以我们要认可法律对罪的惩罚的权威，奥古斯丁对此的态度是"正因为法律并不做所有的事，所以我们不应该非难它所做的"③，即法律的正当性在人世间具有普遍的约定性；而另一方面，罪的本质还在于心灵被剥夺了德行，背离了它的目的，即使并没有"犯罪"，也会受惩罚：

> 贪念大施恐怖政治，从四面八方卷起风暴，击打

---

① 〔古罗马〕奥古斯丁：《论自由意志——奥古斯丁对话录二篇》，成官泯译，上海人民出版社，2010，第170页。

② 参见〔古罗马〕奥古斯丁《论自由意志——奥古斯丁对话录二篇》，成官泯译，第95页。

③ 〔古罗马〕奥古斯丁：《论自由意志——奥古斯丁对话录二篇》，成官泯译，第79页。

人的整个灵魂和生命。恐惧从前面袭来，后面又有贪望；左边是焦虑，右边则是空虚的欺人的喜乐；一边是丧失所爱的东西之后的愁苦，另一边是攫取未拥有之物的激情；一边是受到伤害的苦痛，另一边是燃烧的复仇的欲望。无论你转向哪里，总有贪婪挟制你，放纵虚耗你，野心毁坏你，骄傲吹肿你，嫉妒折磨你，冷漠压服你，刚愎激动你，压抑苦恼你，还有数不尽的恶充斥肆行于贪欲的王国。①

这是因为自己的意志和自由选择做了贪念的帮凶。② 此时"罪"在于心灵，自由意志虽然是中性的，③ 但它加强了"恶"的可能性，不过不一定造成恶行，而是背离了心灵的初衷，使人不能得洁净，而这个问题是需要在哲学中并且只能在哲学中讨论的。

恶本身是不能够自足的，不管从犯罪的角度还是心灵污染的角度，其后果要么是由社会性约定的法律来剥夺造成恶行的个人的自由意志，要么是私下里遭遇心境的折磨，这也必然丧失一定程度的自由，亦即丧失精神的力量和追

---

① 〔古罗马〕奥古斯丁：《论自由意志——奥古斯丁对话录二篇》，成官泯译，第 87~88 页。

② 参见〔古罗马〕奥古斯丁《论自由意志——奥古斯丁对话录二篇》，成官泯译，第 87 页。

③ "尽管自由意志本身因为没有它无人能正当生活而被当作善，意志的这运动显然是恶的，因那背离主上帝的运动无疑是罪恶。"（〔古罗马〕奥古斯丁：《论自由意志——奥古斯丁对话录二篇》，成官泯译，第136 页）

求真理的意志。奥古斯丁说："罪人所求的善，决不是恶事，被我们列为中等之善的自由意志也不是恶。所谓恶，是意志背弃不变之善而转向可变之善。"[①] 哲学中定义的"幸福"，与善良意志以及中性的自由意志转而向善良意志追求的契机相关。"而当得着这善而生起的喜乐，沉静、平和而又稳固地支持灵魂，这就是幸福的生活了。幸福生活不正在于享有真实不变的善么？"[②]

奥古斯丁曾问他的学生说："你是否认为你有一善良意志"？他的学生问他："什么是善良意志？"奥古斯丁回答："那就是渴望过正直高尚的生活并达到最高的智慧。"[③] 他的回答太高尚了，对于现在的年轻人而言却有些难以把握。我也问学生，什么是善良意志？他们很多人以为自愿从事善行的意志就是善良意志，即具有"良知"。我问道："但是这种意志怎么体现呢？这样的解释毕竟是外在的。我们或许可以这样问：你是否愿意自己身体健康以及家人身体健康？是否愿意自己的生活幸福，不受困扰，而家人朋友也能够如此？"没有人回答"不愿意"。而这是人心的善良意志的本质。

我的引导性的提问也是从奥古斯丁哲学中提炼出来的，

---

① 〔古罗马〕奥古斯丁：《论自由意志——奥古斯丁对话录二篇》，成官泯译，第136页。转向可变之善，即转向私心与贪欲。

② 〔古罗马〕奥古斯丁：《论自由意志——奥古斯丁对话录二篇》，成官泯译，第93页。

③ 〔古罗马〕奥古斯丁：《论自由意志——奥古斯丁对话录二篇》，成官泯译，第89页。

即：心灵本身就是爱，或者说心灵对心灵本身的认识就是善，爱与心灵和善本就是一体不可分的。在《论三位一体》中，奥古斯丁提醒人们："我们说知道心灵为何，这并非难以置信，很简单因我们自己也有一颗心……我们每人都有一颗心。"[①] 再者，"心灵若非认识自己，是不能爱自己的"，"正如在心灵爱它自己时，有心灵和爱这两个成分，心灵认识自己时，也有心灵和自知这两个成分，因此心灵和它的爱、它的知是三个东西，这三个东西又是一个东西，当它们都完全时，它们是平等的"。[②] 虽然，奥古斯丁所说的"心灵"语义很广，可以包括认识活动、智性活动、意志活动、意识活动、情感活动、经验活动等多面向，但他提出的这两个前提是不可改变的，也是善的：其一，凡是在活动中的心灵都是能够被自我捕捉到的；其二，凡是被捕捉到的心灵——包括它活动的痕迹、活动的原则、活动的倾向——都是被自我所爱的。并且，他认为："心灵并不总是以如下方式有这三者：记得、理解并爱它自己，而只是以如下的方式有这三者：记得它自己，然后在它开始思想自己之后才理解并爱它自己。"[③] 也就是说，认识心灵、爱心灵，并不是心灵备用的机能，而是在返回自身的活动中，心灵只要返回自身，并对自身有足够深的认识，那么它就会愈加充足地爱自身。在认识中的心灵是值得爱的，

---

① 〔古罗马〕奥古斯丁：《论三位一体》，周伟驰译，第 242 页。
② 〔古罗马〕奥古斯丁：《论三位一体》，周伟驰译，第 261 页。
③ 〔古罗马〕奥古斯丁：《论三位一体》，周伟驰译，第 419 页。

也是爱的活动本身。

在心灵的活动中——哲学往往将这种动态活动称为"认识"，如"认识你自己"——换言之，在返回自我的"认识"活动中，祛除了贪求的、多余的东西，即可达到"善"，或洁净：

> 但当心灵认识自己时，却不凭知识胜于自己，因为它既是认识者，又是被认识者。所以，当它认识它的整全的自我、不混杂任何别的东西的自我时，它的知识就恰好等于它自己了，因为在它认知自己时它的知识不属于另一本性。当它感知到它的整个自我且纯一不杂时，它就既不"过"也不"不足"。①

洁净的心灵、三位一体的心灵，或者说"心灵的三位一体"（指心灵与认知和爱的纯一）也就是永恒。这里的永恒不是指达到时间尽头，而是人类共同此在的同时性，即包含万有的整体，被看作一个纯一。永恒的意义在于同时性条件下所理解的宇宙之存有，包括所有时间与空间维度下的自我与他者，包括一切的认知与心灵。奥古斯丁说："心灵若不认识自己，又怎能认识他人之心呢？"② 深谙奥古斯丁思想的汉娜·阿伦特也据此永恒的要义，阐明了善与恶的关系：

---

① 〔古罗马〕奥古斯丁：《论三位一体》，周伟驰译，第 262 页。
② 〔古罗马〕奥古斯丁：《论三位一体》，周伟驰译，第 261 页。

　　人类，只有作为种群而非个体，参与到宇宙的同时性中，本身才在某种程度上也分有了同样的性质……在宇宙中……这是永恒"运作"的方式。对人的生命来说也是同样：……这个生命，就其被奥古斯丁相信可永生而言，必定具有跟**存有**（宇宙）同样原初的同时性特征。

　　……仅仅因为尘世生命缺乏同时性，从而是暂时的。在此观点下，**存有**等同于无时间的宇宙和无所不包的大全，正是这个永恒当下（eternal present）让万物同现，从而在瞬间囊括了所有部分。既然这个宇宙中没有任何部分、没有任何人的生命或生命的一部分能够有自足的意义，因此就不会有"恶"（*malum*）。只有处于正当秩序中的"善"（*bona*），只不过从个体（*singulum*）瞬间的角度**看来**它是恶的。①

　　任何个人的生命都不可能永恒，但关于永恒的话题却从不会在人类生活中被抹去。暂时的、会死的人经历瞬间的、偶然的恶，但只要人具有能知、能爱的心灵，则所有的人类的时间，包括历史的、当下的、未来的，就是一个良善的、纯粹的"一"，而这一点是不会改变的。所以，善是永恒的、自足的。

---

① 〔美〕汉娜·阿伦特著，〔美〕J. V. 斯考特、J. C. 斯塔克编《爱与圣奥古斯丁》，王寅丽、池伟添译，第 112~113 页。

以上的论证或许稍显繁难，我在此想说得更为通俗一些。当我问学生他们是否愿意健康幸福，是否愿意别人也健康幸福的时候，这个问题是针对他们的心灵的发问，而他们也根据自己的心灵来回答，在回答时，他们思考、追究，针对这个问题产生认知，这也是在心灵中发生的，但几乎每一个人的回答都会显得不假思索，当我得到了"愿意"这个答案的时候，每颗心灵都是充满了爱的，这便是心灵的三位一体；可是即使这个答案这样易得，即使似乎没有人考虑回答时的当下处境、他们的过去、他们的未来，他们在回答的时候都把自我与他人放在一起来考虑，健康是指人类的健康，幸福是指人类的幸福，而健康与幸福都是人类的善，所以，他们瞬间就能做出的回答，是具有共在属性的，具有同时性，是永恒的。这就是心灵的本质，是善。因此，我常对学生们说："善与恶的二元对立只是语言上或者理论上的假设，究其时间性本质，人的存在的原则只有善，如果恶也能成为原则的话，人类世界或许早已毁灭了。我们讨论恶以及恶的来源的问题，根本是为了认识善。"

善是自足的，在哲学上亦可称之为"至善"，它并非单纯地等同于善良意志，或"良知"，因它并非完全依赖个人。人的自由意志受至善的吸引，即使罪犯也能感受得到。作家普鲁斯特写道：

显然，"世界上最普遍的事物"，并不是良知，而是善良。在最遥远偏僻的角落里，人们会惊异地看到善良这朵花自动开放，犹如在幽静的山谷中开放着一朵丽春花。这朵花与世界上其他地方的丽春花无异，但它从未见过其他的丽春花，只见识过有时叫它那孤独的小红帽颤抖不已的狂风。即使这种善良因利害关系而变成瘫痪，表现不出来，它依然存在。每当没有任何自私的动机妨碍它发挥的时候，例如读一本小说或一份报纸的时候，这种善良便会大放光华，向弱者、向正义者、向受迫害的人而去，甚至一个杀人犯，作为长篇连载小说的爱好者，他的心仍然很软，在这种人心中，这善良也是如此放光。[①]

善如同物种，如同生命，恶只不过是狂风，是自私的利害关系；飙风不终日，不会长久，而世间万物大放光华，此乃至善。

通过奥古斯丁，我们看到，善与恶的哲学讨论必须经过自由意志这个中项，须经由自由意志的属性来思辨及还原。一方面，它可以是善良意志；另一方面，它也可以选择邪恶意志，而这可以通过人们克服贪欲而停止，只要通过学习、教育、认知和爱的心灵的纯粹活动。

在我所读过的书籍中，对自由意志的本质澄清得最彻

---

① 〔法〕普鲁斯特：《追忆似水年华》（第二卷），桂裕芳、袁树仁译，译林出版社，2012，第288页。

底的，是弗兰兹·卡夫卡（1883—1924）①。他在《箴言集》中说道：

> 一个人拥有自由的意志，体现在三个方面：一是当他愿意这种生活时，他是自由的；但现在他无法倒退回去，因为他不再是当时愿意这种生活的那个人了，除非他还在履行他当时生活中的意愿。
>
> 其二是由于他可以选择这种生活的方式和道路，他是自由的。
>
> 第三是由于他作为将来重新成为的那个人有着这样的意志，即让自己在任何条件下都在生活中走下去并以此恢复自我，就是说是一条固然可以选择、但却如同迷宫一样的道路，这使他尝尽这一生活的甜酸苦辣。
>
> 这即是自由意志的三个方面，但由于是同时存在的，所以它们又是单一性的，而从根本上说也是单一体的，以致在它们之间没有意志的立身之地，不管是

---

① 卡夫卡的大部分作品都在叙述意志的困境，它茕茕孑立在善、恶之间，像一个鬼魅，然而，它的价值是正面的，虽说它并非强力。法国哲学家梅洛-庞蒂（1908—1961）这样评价卡夫卡："卡夫卡并不求助于微型巨人的智能以凸显人类的疯狂。卡夫卡不相信有什么微型巨人。……卡夫卡的确对他的时代不那么乐观，但他对其时代也显得不那么恶意，他从心态上准备着，好迎接那些罕见而珍贵的时刻：在这一刻，人们认识了自己，并且认出了自己。"（〔法〕莫里斯·梅洛-庞蒂：《知觉的世界：论哲学、文学与艺术》，王士盛、周子悦译，江苏人民出版社，2019，第72页。）

自由的还是非自由的意志。①

很显然，卡夫卡谈论的自由意志的三个方面分别是：过去的时间维度下的意志，即已改变的（或不曾改变的）意志；当下生活中的意志；以及未来的时间中的意志，几乎是全然未知的、潜在的、谜似的。意志本身因为隐藏在三重的时间性之下，对个人的选择而言，似乎只有当下可以支配的自由度，所以，所谓"意志"（作为单一地被提炼出来的论题）几乎可以在生活层面被取消，无所谓自由

纪录片中的青年卡夫卡

---

① 〔奥〕卡夫卡：《卡夫卡文集第四卷：书简》，祝彦、张荣昌等译，上海译文出版社，2002，第328页。

或者不自由。或许只有所谓善与恶。生活中，意志的自由何其难，而自由意志会摇摆在善恶之间，摇摆在宇宙的同时性与人心欲望的阶段性之间。尼采说："出于爱所做的，总是发生于善恶的彼岸。"①

阿伦特与海德格尔在思想与爱情道路上的疏远，也终于因为他们共同阅读和讨论卡夫卡而重新接近、契合!②

---

① 〔德〕尼采：《善恶的彼岸》，赵千帆译，商务印书馆，2015，第121页。
② 参见〔德〕安东尼娅·格鲁嫩贝格《阿伦特与海德格尔——爱和思的故事》，陈春文译，第417页。

四　爱的秩序

与自由相联系的爱的情感的更新，是一种人类特有的体验，虽然它在当下或许还没有显著的效果，但终将让人感觉到脱胎换骨。在托尔斯泰笔下，列文的所思所想作为整部《安娜·卡列尼娜》的结尾，是一种积极的、昂扬的自我更新：

> 这新感情还不曾改变我，使我幸福，使我彻悟；……它也并不是突如其来的。经过了苦闷之后它才不知不觉地深入我心，停住在那里。我或许还会和从前一样责骂车夫伊凡，从事于无益的争论，轻率地发表意见。我的灵魂和别人的灵魂之间，甚至和我的妻之间，或许还是常有一道障壁。我或许还要在急躁的时候责骂她而在事后愧悔。我将要仍然莫名其妙地祈祷，但是我的生活，我的全部生活，超然于我所遭遇的偶然事故，每时每刻，将要不再像从前那样无意义了吧，每个行为将要是积极为善的了吧。①

---

① 〔俄〕列夫·托尔斯泰：《安娜·卡列尼娜》，周笕、罗稷南译，第915页。

小说中的列文是不相信上帝的，但在哥哥即将死去的那煎熬的几日里，他莫名其妙地在内心呼唤起上帝，他后来明白那并不是因为"上帝"，而是因为"善"。他也听到一个农夫说"为灵魂而活"的话，[①] 被激荡起了如上的所思所想。托马斯·曼对此情节评论道：

　　　　这个小农夫教他明白的或者提醒他的是他已经知道的事：虽然自然的东西以及我们所有的人生而有之的和加诸我们所有人的东西，正是为了我们肉体的健康，为了我们填饱肚子而活着的，但这并非根本性的和合理的东西，而是人们"出于真理"，"为了他们的心灵"，"按照上帝的意愿"，"为了善"而必须活着；而这种必然性神奇般地同样是自然的，同样是生而有之的和加诸我们的，正如那种我们须填饱肚子的必然性。这在事实上是神奇的；因为确定的、一切人所共有的信念是，只为自己的肚子活着是可耻的，相反人们必须……为真理和善而活着，这种信念完全与理性无涉，而且恰恰与之相反，毋宁说理性更是教我们只为饮食操心，并为此而竭力榨取我们周围的人。列文断言，对善的认识并不属理性范围；善外在于科学性的因果链条。善是一个奇迹，因为它远离理智却又为

---

① 有些人为了自己而活，专想着填满肚皮，中饱私囊；有些人为了灵魂而活，想着为善，依从真理。参见〔俄〕列夫·托尔斯泰《安娜·卡列尼娜》，周笕、罗稷南译，第892~893页。

任何人所理解。①

虽然托马斯·曼不过是复述了托尔斯泰的思想，他却让我们清楚地看到两点：其一，善是自然的必然性；其二，善是独立于理性的存在。正如奥古斯丁论述的三位一体的心灵——因由善的本源的作用——可以属于任何人，即便

在理性有所缺乏的情况下，人也能够本源地认识善、依从善。

为何谈论爱，却又要谈论善恶呢？虽然两个问题的关联在诸如奥古斯丁、托尔斯泰的思想中可见一斑，爱与善的关系更基于以下这个人类生存的事实，奥古斯丁与托尔斯泰不过是比我们更加尊重它——"爱"这个表达本身就包含善，人类的爱要实现的无非就是至善（goodness）或幸福（happiness），不论谈到父母之爱、情侣之爱还是邻人之爱，凡是爱，都憧憬着善之目的，如父母之爱的关怀希望，情侣之爱的携手白头，邻人之爱的天下大同，都集中表达着一种毋宁是说"对未来的期待"的"善"，期待着未来能够实现更大的属于彼此的自由。一般而言，为人父母、寻找恋爱、爱护邻友，这些身份活动的初衷即在于他-我的最大化幸福与最大化自由。"爱"这个字本身是排斥恶的。"爱"有其本己的秩序（order），其中最重要的旨归即为"善"。

———————————

① 〔德〕托马斯·曼：《歌德与托尔斯泰》，朱雁冰译，第 268 页。

阿伦特写道：

> ……在爱中期待的未来自由，为人们对世界的正确理解提供了指引，也为评判出现在世界上的人和事提供了终极标准。根据期待之未来（anticipated future），我们就能决定应该渴求和不应该渴求的东西，应该爱和不应该爱的人，同样它也决定了我们在眼前的事上应该投入多大程度的欲望和爱。期待之未来确立了爱的秩序和尺度（*dilectionis ordo et mensura*）。[①]

当奥古斯丁认为三位一体的心灵是永恒的时候，他所谓的"永恒"的意思即是充满未来的时间，[②] 这是人类爱的活动最积极的一面。当托尔斯泰为其笔下的角色注入了新的灵魂的时候，他的角色也是充满未来的。

"爱的秩序"是 20 世纪欧陆哲学中普遍存在的论题，被思想家们广为探讨，除了阿伦特，如舍勒，也有名为

---

① 〔美〕汉娜·阿伦特著，〔美〕J. V. 斯考特、J. C. 斯塔克编《爱与圣奥古斯丁》，王寅丽、池伟添译，第 81 页。

② "对奥古斯丁来说，时间不是从过去开始，以便经过现在进入到未来，而是从未来前来，向后奔涌到现在并终结于过去（附带地说，这也是罗马人对时间的理解，但它的概念结构只见于奥古斯丁）。"（〔美〕汉娜·阿伦特著，〔美〕J. V. 斯考特、J. C. 斯塔克编《爱与圣奥古斯丁》，王寅丽、池伟添译，第 70 页）附带地说，海德格尔在时间性（temporality）结构的论述方面也持此见，即未来是最根本性的。阿伦特似乎正是因由未能在《存在与时间》中看到海德格尔对此在的爱的本性的推进，才转而求助奥古斯丁。对于阿伦特而言，人始终是行动的人，行动的意义大于思想。爱确乎是推动人去行动的原初动力。

《爱的秩序》的杰出之作，它也是我一直思考爱这一问题的范本。若如以上所言，如果善是包含在爱之中的——作为爱确有其秩序的证明，而爱是首选善为其目的的标记的——那么除了至善，还有什么被包含在爱之中呢？它们之间应怎样被排序？如果爱自有秩序，那么在现实的爱中为何存在那么多失序状态呢？如何来定义和追问爱的秩序及失序呢？

一般现实中，爱的触动的心理初衷乃是对那被爱对象的"可爱性"① 的倾慕。然而，"情人眼里出西施"，存在于这个世界上的"可爱性"千差万别，实无定性可言，而且有些是刻在生物基因中的，所以，如要从个别差异的角度去定义爱与被爱之物，再丰富的语言文字也无能为力。因此，人们只能从对"可爱性"发出的意志行动乃至道德意向中探寻何谓爱、爱的形式、爱的秩序。这也是哲学所能做到的，即探求爱的规范性的涵义，而非描述各种各样的爱的情状。舍勒说道：

> 我身处于一广大得不可测量、充满着感性和灵性事物的世界，这些事物使我的心灵和激情不断动荡。我知道，一切透过我观察及思维所能认知的事物，以

---

① 可爱性，德文 Liebenswürdigkeiten，英译 worthy of love，字面意思是"值得爱的"，这是舍勒在《爱的秩序》一文中经常使用的一个概念，意指所爱具有的被认为较好、较善的某些价值。我为了更通俗地介绍这个概念，下文使用了一些世俗中现实的情形加以比附。

及所有我意志抉择、以行动做成的事情，都取决于我心灵的活动。因此，在我生命及行为中的每一良善或邪恶完全取决于在驱使我去爱、去恨以及倾慕或厌恶众多事物的感情中，到底有没有一客观的合意秩序，也取决于到底我能否将这爱与恨的秩序深印在我心中的道德意向中。[①]

人的心灵面对现实之物，当下立即就可被具体要求催生类似喜爱的情感，服从于心目中裁定的那种可爱性，并将之设为暂高于其他的，如恋爱中的一见钟情，或由于一个眼神，或由于一句言语，或由于一个身体轮廓。在舍勒看来，正是由于这样的原因，一个人的爱的秩序的生成、厘定，便会处于变动当中，诸如这般的爱就有真假对错之分。"仅仅因此才存在着一种被定性为对和错的爱，因为，人的实际倾慕和爱的行动可能与可爱性的等级秩序一致，也可能与它抵牾。"[②] 有的人对所爱倾慕终生，而大多数情况是对所爱者朝三暮四，或爱或不爱的增减程度凭借自己心目中的价值的等级秩序而变，这也是现实中实际的爱的活动之所以未能永恒持存的原因，人的实际的倾慕与自知爱的能力总与自身相认同、相分离、相对立。"对于某一爱的冲动，通过在一个适合于它的对象上完成它而获得的任

---

① 〔德〕马克思·舍勒：《爱的秩序》，孙周兴等译，第 90 页。
② 〔德〕马克思·舍勒：《爱的秩序》，孙周兴等译，第 106 页。

何一种满足，永远不可能是一种最终的满足。"①

当然，此乃人之常情，人总会先陷到现时的一瞥，于是在想象中营造爱的对象的完满性（几乎在瞬间就可以完成塑造这种完满性，如前文所引安娜·卡列尼娜与情人渥伦斯奇初会的一瞥）。这种精神活动是爱情中最活跃的要素，不论在爱的关系中的人们自知与否，想象的自发性活动筹划着未来。

> 我们心中的爱，对某一少女的爱，可能并不是什么确有其事的事情。那原因是：虽然愉快的或痛苦的梦绕魂牵混成一体，能够在一定时期内将这种爱与一个女子联系在一起，甚至使我们以为，这种爱定然是由这位女子撩拨起来的；待我们自觉或不知不觉地摆脱了这种梦绕魂牵的情绪时，相反，这种爱似乎就是自发的，从我们自己的内心发出来，又生出来献给另一个女子。②

这是普鲁斯特在《追忆似水年华》中的描写，其中"愉快的或痛苦的梦绕魂牵混成一体"的想象力将"爱"移植到一位实际的具有"可爱性"的对象身上，但作者否认这是因由这位女子而来的爱，只要人的想象力不衰，它

---

① 〔德〕马克思·舍勒：《爱的秩序》，孙周兴等译，第107页。
② 〔法〕普鲁斯特：《追忆似水年华》（第二卷），桂裕芳、袁树仁译，第183页。

就会把从中产生的爱的感觉事后再移植到其他的可爱性的载体上去，人们就因此有权力认定存在所谓"爱情"的自生性或独立性。

如此分析或不周全，会消泯人们理想中的爱情之美好，而普鲁斯特另有一番话——

> 哲学经常谈到自由的行为和必要的行为。一个行为，由于行动过程中抑制了升力，一旦我们的思想处于休整状态，这个行为便这样使某一回忆再次升起——直到此刻之前，这一回忆已被消遣的压力将它与其他回忆拉平——并叫它奔腾起来，因为它比其他回忆更有魅力。我们当时不知不觉，二十四小时过后我们才发觉。比这种行为为我们所更完整地感受的行为，恐怕没有了。说不定也没有比这更自由的行为，因为它还不具有习惯性的性质。在爱情中，正是这种精神怪癖有助于使某一个人的形象单独复活。[①]

这段话虽然芜杂，但切中肯綮，直击要害。当一个行为被压制或中止后，它如同其他行为一样平凡，但一旦被某个意识在思想中唤醒（回忆），该行为就会变得极富活力，复活有关该行为的一系列鲜活的形象，在意识之海中被回忆之波澜惊扰的人或事物，一下子升腾起来；爱情生

第三讲 爱是什么？

---

① 〔法〕普鲁斯特：《追忆似水年华》（第二卷），桂裕芳、袁树仁译，第374页。

活中，这种精神性的意向性活动尤为突出，即使一般不会被人察觉，普鲁斯特在这里把这种意向性称为"精神怪癖"，并认为它是人类最自由的行为了。

同样的观点，托尔斯泰表达得更实在，也更有风味：

228

> 人可以用同一个姿势架起腿一连坐好几个钟头，要是他知道没有什么东西会来阻止他改变姿势的话；但是假使人知道他必须架着腿这么继续坐下去，那么就会起痉挛，腿就会开始搐搦，极力想伸到他所愿意伸去的地方。①

如日常架起腿久坐，早已忘记了这个行为，可以持续很长时间，但只要一个念头回忆或者想象起"痉挛"这件事，本来架起腿坐着的行为未受影响，却好像真的痉挛了似的，突然抖动起来，人才把架起来的腿根据意志或意愿改变姿势。如果说意志本身是不能在周遭世界完全实现自由的（如前引卡夫卡的观点），那么人类最自由的行为真的类似突然回忆或者想象起的"痉挛"，也就是随时随地都能升腾起的、不受习惯支配的、比起其他行为都更为完整的意识体验，或者说"精神怪癖"。如普鲁斯特所言，哲学中真正自由的行为非它莫属。

我之所以谈到普鲁斯特与托尔斯泰的观察点，是为让

---

① 〔俄〕列夫·托尔斯泰：《安娜·卡列尼娜》，周笕、罗稷南译，第624页。

人知道在爱的秩序中，在与所爱关联的可爱性的秩序化的厘定过程中，因为存在如此这般的自由自发的"精神怪癖"，则对于爱的定义和定位就显得对于每一个人而言变动不居或虚幻不实了。

　　舍勒曾提出一个非常有趣的问题："如果一个恋人不是在爱情中把握其对象，并完全投身于这种趋于被爱的对象的运动，而是窥视着他心中由被爱的对象引起的那一切感觉状态、情感和渴望等"，那么，在他的"意识之中发生着什么事情？"① 我借此问，常向学生们问道："如果你热烈地爱上了一个青年，但是并不是急于寻求他对你可以回报的恋爱，反而在愈加热烈的爱情状态中，愈加真诚地独守这份'爱情'，愈加渴望地了解'我在爱着他'的整个过程中，自己的'精神怪癖'都有哪些，完全倾向于了解自身的内在感知。这样做，是否可能？会发生什么？"

---

① 〔德〕马克思·舍勒：《爱的秩序》，孙周兴等译，第117页。

五 爱的形象

　　我想介绍一篇哲学史上名垂千古的杰作，柏拉图的
《会饮篇》（*Symposium*），进而再谈爱的失序与合序。《会
饮篇》的故事起因是青年悲剧作家阿伽通获得了比赛桂冠，
众多知识分子在他家中宴饮，大家提议为爱神厄洛斯（e-
ros）① 献上颂词，各有不同，像是另一场竞赛，其中记载
了大致七种关于爱情或爱欲的观点，或相平行，或相反对，
或相推进，形成了关于爱的问题的进阶式的讨论语境，几
近完善，让人看到所有哲学问题的开端似乎都可以追溯到
柏拉图。这篇文献最引人注目也被引用最多的是，柏拉图
戏拟喜剧诗人阿里斯多潘②为爱神所作的颂词，以贴近现实
又出人意料的话语给出一幅爱的形象图景，其中既阐明了
爱的合序的源生性，又饱含着爱的失序的生动性刻画。

　　柏拉图笔下的阿里斯多潘开始这样讲故事：

———————————

① 又译作"爱若"。
② 现在多译为"阿里斯托芬"，他是与苏格拉底同代的最著名的喜剧诗
　　人。"'老派'喜剧最著名的宗师就是苏格拉底……的同代人阿里斯托
　　芬，他讽刺那些公众熟知的当代人。"（〔英〕阿诺德·汤因比：《希腊
　　精神》，乔戈译，第101页）

你们首先要领教的是人的本性以及他所经过的变迁。从前的人和现在不一样。从前的人本来分成三个性别，不像现在只有两个性别。在男人和女人之外，从前还有一种人不男不女，亦男亦女。这第三类人现在已经绝迹了，只有名称还保留着，就是所谓阴阳人，他们原来自成一类，在形体上和名称上都是兼具阴阳两性的。现在阴阳人这个名称却成了骂人的字眼。①

一开口便是戏谑。但从优生学的角度看，胚胎具有两性特征的人类显然也是存在过的，只不过在现实生活中几乎不见了，这是人类为了后代健康所选择的结果。人类虽只有两个性别，即男与女，但如果用这两个因子做一次排列组合的数学游戏，则可能的方式就会是三种，即男+男，女+女，男+女。喜剧诗人以此为前提，把两性现实做了两个维度的认知说明，玩了一次"乾坤大挪移"的戏法，颠覆了人对性别的固有认知：

此外，从前人的形体是一个圆形的东西，腰和背部都是圆的，每个人有四只手，四只脚，一个圆颈项上安着一个圆头，头上长着两副面孔，一副朝前一副朝后，可是形状完全一模一样，耳朵有四个，生殖器有一对，其他器官的数目都依比例加倍。他们走起路

---

① 〔古希腊〕柏拉图：《柏拉图对话集》，王太庆译，第310页。

来也像我们一样直着身子，但是可以随意向前向后。可是要快跑的时候，他们就像现在杂技演员翻筋斗一样，四支胳臂四条腿一齐翻滚，滚动得非常快。其所以有这三个性别，是由于男人原来是由太阳生的，女人原来是由大地生的，至于阴阳人则是由月亮生的，月亮本身就同时具备太阳和大地的性格。他们的形体和运动都是圆的，是像他们的产生者。他们的体力精力当然非常强壮，因而要想和神灵比高低，就像荷马说的艾披亚尔德和俄铎一样，企图打开一条通天路，去和诸神交战。①

经过排列组合后的三种人类双倍强大，孔武有力，不输给神。柏拉图的慧剑习惯性地指向了在哲学理性（*logos*）未普遍流行之前，古希腊人更为信赖的神语（*mythos*）世界，让喜剧诗人把人的存在的来源远远地推到不可臆想的境地，画出他们的"原始"形状，在今天的人看起来甚荒谬，但此种"荒谬"蕴含的力量比日常叙事的逻辑更美妙。像是圆的天体，像是日月星辰在运行，而圆形的天体在古希腊人眼中是比人体和地球生物更美妙的存在物。神与人开始交战：

　　于是宙斯和其他的诸神会商应付的办法，他们茫

---

① 〔古希腊〕柏拉图：《柏拉图对话集》，王太庆译，第310页。

然莫知所措。因为他们不能灭绝人类，像从前用雷电灭绝巨灵那样，要是灭绝了人类，就断绝了人对神的崇拜和牺牲祭祀；可是人类的横蛮无礼也是确实不能容忍的。宙斯费尽心思，终于想出一个办法。他说："我相信有一种办法，一方面让人类还活着，一方面削弱他们的力量，使他们不敢再捣乱。我提议把每个人剖成两半，这样他们的力量就削弱了，同时他们的数目也加倍了，这就无异于说，侍奉我们的人和献给我们的礼物也就加倍了。剖开之后，他们只能用两只脚走路。如果他们还不肯就范，还要捣乱，我就把他们再剖成两半，让他们只能用一只脚跳来跳去。"宙斯说到做到，把人剖成两半，就像切水果做果脯，用头发割鸡蛋一样。剖开之后，他吩咐阿波隆把人的面孔和半边颈项扭转到切开的那一边，让人常见切割的痕迹，学乖一点；扭转之后，再把伤口治好。于是阿波隆把他们的脸扭过来，把切开的皮从两边拉到中间，拉到现在的肚皮的地方，好像用绳子封紧袋口一样。他把缝口在肚皮中央系起，造成现在的肚脐。然后他像皮匠把皮子放在鞋楦头上打平一样，把皱纹弄平，使胸部具有现在的样子，只在肚皮和肚脐附近留了几条皱纹，使人永远不忘过去的惩罚。①

---

① 〔古希腊〕柏拉图：《柏拉图对话集》，王太庆译，第 310~311 页。

大家在这里尽可以哈哈大笑了，笑的是神也贪心，笑的是人也可怜。但笑过之后，还需仔细思考哲学家提出的问题：人的天性（或自然性）的存在固然可以说有一个完整的、类神话的预设前提（积极的前提），但每一个体的现实存在却只是这个前提的一半，我们现有的样子是有缺失的，而这才是个体性的真正的前提（消极的前提）。

> 原来，人这样剖成两半之后，这一半想念那一半，想再合拢起来，常常互相拥抱不肯放手，饭也不吃，事也不做，直到饥饿麻痹而死，因为他们不想分开。要是这一半死了，那一半还活着，活着的那一半就到处寻求配偶，一碰到就跳上去拥抱，不管那是整个女人剖开的一半，即我们现在所谓的女人，还是整个男人剖开的一半。这样，人类就逐渐消灭掉了。宙斯起了慈悲心，就想出一个新办法，把人的生殖器移到前边（从前都是在后面，生殖不是凭男女交媾，而是把卵生到土里，像蝉一样孵化），使男女可以凭交媾生殖。……就是这样，从很古的时候起，人与人相爱的欲望就植根于人心，它要恢复原始的整一状态，把两个人合成一个，治好从前剖开的伤痛。[①]

被分开的、有缺失的人因爱欲而痛苦，这种痛苦的极

---

① 〔古希腊〕柏拉图：《柏拉图对话集》，王太庆译，第311~312页。

致到了生不如死的地步，爱与痛与死之不可分，便可被理解为爱的"失序"的端的——尤其在与生殖欲望相关的爱那里，更是如此。这里插入一段舍勒的话，对于揭示如此这般的爱欲的结构而言，他的观点与柏拉图的描写很近：

> **生欲性的爱**（即高等机体的、两性的人身上的殖生欲望的内在方面），与死亡（即殖生上的物质和力量损失对整体固有的反作用）联结在一起，死亡与痛苦处于**结合构成**之本质关联中（结合构成本身就是生命单位的那些建设性的、自我寻找着的、溢满爱欲的力量之结果），因此，**爱与痛苦必然内在地结为一体**。爱是一切构成（在空间上）和一切殖生（在时间上）的原动力，它因此创造了既是死亡又是痛苦的"牺牲"的先决条件。生者的这种浑然的欲望，向着更多（和更高级）的生命超然自身，这种欲望同时表现在构成结合和殖生上，因此创造了痛苦的本体论的先决条件。就此双重意义而言，痛苦和死亡源于爱。没有爱，恐怕就没有痛苦和死亡。①

也就是说，虽然死亡被看作生（生育、生殖）的反面——前者是身体能量的损失和消亡，后者是身体能量的再延续——但在结构方面，死生一体，人在"死生一体"

---

① 出自《受苦的意义》一文。参见〔德〕马克思·舍勒《同情感与他者》，朱雁冰等译，北京师范大学出版社，2014，第165页。

的人生中寻找、建设充满爱欲的能量，必然不乏痛苦。因为生欲性的爱——如柏拉图所说"一碰到就跳上去拥抱"的渴望，舍勒所言"生者的这种浑然的欲望"——带来的痛苦，却仍以名义上所谓的"爱"为始作俑者。

这是对于爱欲的"消极的前提"的认定，此消极前提带来爱之失序，即舍勒所说"没有爱，恐怕就没有痛苦和死亡"。但在柏拉图笔下，虽然完整的个体不复存在，人类却还能追求"二合一"的方式繁衍、生存，爱欲可以从个体缺失性的消极前提跃迁至完整性的"积极的前提"。因为，有所缺失的、被分裂的"完整性"作为弥补手段，会在个体的追求中成为一种"对耦性"，由它为缺失的个体的人还原本来面目。柏拉图故事中的爱欲也是基于身体的索求（生欲性）来完成的，即与另一半的耦合。因为殖生性①的耦合，因为"对耦性"原则消弭了消极的前提的裂缝，"爱"便具备了积极的意义。英文中的 couple 一词，汉语中称呼爱人的"老伴"，都有这种对耦性之"另一半"的含义，也有将"一对儿"看作"一个"的整体的意思。阿里斯多潘的话看似无稽，却担保了现实的人的爱的活动（对另一半的追求）的"有惊无险"，即"对耦性"本身就是爱的活动的最后边界，虽会有痛苦及死亡，但对耦性原则包含着对爱的合序的希冀。

---

① 殖生性可能会偏重生殖繁衍，不仅是生理欲望。

所以我们每人都是人的一半，是一种合起来才成为全体的东西。所以每个人都经常在寻求自己的另一半。那些由剖开阴阳人造成的男人是眷恋女人的……。那些由剖开女人造成的女人对男人没有多大兴趣，却更喜欢女人，她们是来自这种人的同性恋者；那些由剖开男人而造成的男人从少年时期起都还是原始男人的一部分，爱和男人做伴，和他睡在一起，乃至互相拥抱以为乐事。他们在少年男子当中多半是最优秀的，因为具有最强烈的男性。[①]

　　这是对耦性原则的一个推论，即从分开的个体的欲望角度论证两性间异性与同性恋爱的合理性，不管对方是谁，其合理之处即在于耦合他们两者之间的爱欲力量是同一的，至少也是平权的。这不仅让人想起前苏格拉底哲学家恩培多克勒，将"爱"作为和合、黏合、耦合世间一切存在关系的伟力，不分彼此，万古长存。这个推论的现代感夺人耳目，产生了一个人类自然权利论证的美好象征与隐喻，被开明的人们所推崇。故事继续下去：

　　一个眷恋少年的人或者别的情人，如果一旦遇到他自己的另外一半，他们就会马上互相爱慕，互相亲昵，可以说片刻都不肯分离。他们终生在一起共同生

---

　　① 〔古希腊〕柏拉图：《柏拉图对话集》，王太庆译，第312页。

活，也说不出自己从对方得到什么好处。没有人会相信，只是由于共享爱的欢乐，就能使他们这样热烈地彼此结合在一起；很显然是这两个人的灵魂在盼望着一种隐约感觉到而说不出来的别的东西。①

这便是更贴近现实的爱的形象，也就是现世的共同生活的、在一半与另一半之间的理想形态。欢乐、热情、恋慕时时刻刻围绕着他（她）们。能够言说出来的爱情的完美作为对耦性原则之结果，贯穿着一切情感、认知和想象，烘托人类灵魂的优越。

安东尼奥·卡诺瓦（Antonio Canova）
《被爱神吻醒的普赛克》大理石雕塑，1787 年

---

① 〔古希腊〕柏拉图：《柏拉图对话集》，王太庆译，第 312 页。

舍勒对爱情的定义也与此相距不远，在哲学上应和着古代的遗响：

> 爱是倾向或随倾向而来的行为，此行为试图将每个事物引入自己特有的价值完美之方向，并在没有阻碍时完成这一行为。换言之，正是这种世界之中和世界之上的**营造行为**和**构建行为**（die erbauende und auf-bauende Aktion）被我们规定为爱的本质。①

"在世界之中"即如同柏拉图所说的"终生在一起共同生活"，"在世界之上"即如同"两个人的灵魂在盼望着一种隐约感觉到而说不出来的别的东西"。不论是为了欢乐，还是为了价值，爱情的完美需要两人的营造。爱情之可说、可实现与不可说但可希冀的部分都显现为人的生存，其原动力不断地生成、涌动、上升。

阿里斯多潘的话还没有结束：

> 其所以如此，原因就在于我们原来的性格就是这样，我们本来是个整体，这种成为整体的希冀和追求就叫做爱。……由于这个原因，应当劝告世人在一切事情上都要敬畏神灵，免得再度受惩罚，而且在爱神的保佑之下得到福气。……如果我们一旦成了爱神的

---

① 〔德〕马克思·舍勒：《爱的秩序》，孙周兴等译，第103页。

朋友，与他和平相处，那就会碰见恰好和我们相配的爱人，今天能享到这种福气的人是多么稀少啊！……我指的是全世界的男男女女，我说全人类只有一条幸福之路，就是实现自己的爱，找到恰好和自己配合的爱人，总之，还原到自己的本来面目。这种还原既然是最好的事，那么，达到这个目标的捷径当然就是最好的途径，这就是得到一个恰好符合理想的爱人。爱神就是成就这种功德的神，所以他值得我们歌颂。在今生，他保佑我们找到恰好和自己相配的人，在来生，他给我们无穷的希望。如果我们能敬神，爱神将来就会使我们还原到自己原来的整体，治好我们的毛病，使我们幸福无涯。①

这里指出维护爱的合序的两个条件：诚敬和希冀。诚敬的品德在当代世界不一定指向阿里斯多潘口中的"爱神"，但也应当指向今生今世能够遇见的"爱人"，它是爱情在"今生"可以实现的基础。希冀则是关于爱的合序状态所永久包含的属性，在阿里斯多潘口中，是"来生"幸福的基础，在我们看来，也是不再被分离的唯一福佑。充满希冀的现世存在的爱与古希腊人眼中的爱神形象也是合一的。②

---

① 〔古希腊〕柏拉图：《柏拉图对话集》，王太庆译，第313~314页。
② 参见本书第一讲第十节。

六 智慧之爱

在两个人或几个人之间维持的爱的形象之完成，虽然会通过不同的过程手段，但其原则不外乎对耦性，或者说完成一个序列的排列组合之游戏，不论其中渗透着怎样的情感和想象，合一化的追求与希冀总会贯彻在爱情活动中。此原则下的人们维持生殖的欲力，欲望之爱占主导。在《会饮篇》中，修改和更正该原则的角色是苏格拉底。柏拉图通过苏格拉底复述女祭司狄欧蒂玛的话，对阿里斯多潘的理论提出了不同意见，予以挑战，让人们得以看见不同的爱之形态，毋宁说，苏格拉底谈论的是哲学之爱，智慧之爱。

> ……爱并不是以美的东西为目的的……
>
> ……其目的在于在美的东西里面生育繁衍。
>
> ……为什么以生育为目的呢？因为在会死的凡人身上正是生育可以达到永恒的、不朽的东西。……我们追求的不仅是好的东西，而且是不朽的东西，爱所盼望的就是永远拥有好的东西。所以按照这个说法，爱也必然是奔赴不朽的。

……

……要达到不朽，全凭生殖，以新的代替旧的。每一个个体的生物，虽然我们说它一生之中始终是同一个东西，例如一个人就从小到老只是那个人，称为某某人，A可是实际上他并不总是原来的那一个，而在不断地变成一个新的，丢掉原来的头发、肌肉、骨骼、血液以至整个身体。而且不仅身体如此，B灵魂也是这样，他的习惯、性格、见解、欲望、快乐、痛苦和恐惧都不是始终如一的，而是有的产生有的消失的。而且还有一件更加奇怪的事，就是C各种知识也在不断地有生有灭，我们在知识方面并非总是原样的，每一种知识都在生灭中。因为我们所谓钻研就是追索已经失去的知识。遗忘就是一种知识的离去，钻研就是构成一个想法来代替已经离去的知识，使前后的知识维系住，看起来好像是原来的知识。D一切会死的东西都是以这种方式保持不灭的，但不是像神灵那样永远如一，而是那离去的、老朽的留下另外一个新的东西，与原来的类似。……就是用这种办法，一切有死的东西分沾上不朽，身体以及其他的一切全是这样……因此你不必感到奇怪，每一种生物全都生来就珍视自己的后裔，因为这种锲而不舍的追求和爱是伴随着不朽的。①

① 〔古希腊〕柏拉图：《柏拉图对话集》，王太庆译，第332~334页。A-B-C-D是引者为了方便下面的论述所标记的。

柏拉图让苏格拉底所谈论的爱的产生的原则也同样依附于"生殖"，但并非人类生育的繁衍，他改变了"生殖"的语义。他通过三重例证完善了"爱所追求乃是不朽"的说法，即：*A* 身体自体的新陈代谢；*B* 灵魂、智性活动的层次变化；*C* 知识的钻研提升。虽然它们还会被认为是同一个个体的现实状态，但某种含义的"不朽"已经通过更迭、修正的方式把个体带向了他的完整性，即 *D* "以这种方式保持不灭"，此"不灭"的含义不是像神那样，归根到底却是自足的，源于自身的追求，源于自足之爱。

　　在这个地球上，动物只有两种生殖方式，其中之一像人类这种高级生物，经由对耦性活动完成有性生殖，也有通过自体内的细胞分裂（裂殖）完成无性生殖的。苏格拉底谈论的身体、灵魂、知识三重角度的"生殖"，并非仅仅传达一个隐喻，似乎可以说，他认为，人即使不在产生后裔的爱的原则的前提下活动，也还有"自足性"的爱的生产性原则，类似于裂殖过程完善自身，人通过他的生存活动，方方面面都依靠自身来维系着、贯穿着人之为人的目的。

　　　　那些灵魂的生育能力不亚于肉体的，则孕育并且愿意孕育那些宜于灵魂孕育的东西。这是什么呢？是明智之类的品德。生育这些品德的是一切诗人，以及一切技艺师傅。

　　　　……这些品德中间最大的、最美的是安排国家事务和家庭事务的，称为清明和公正。那从幼年就在灵魂中孕育着这些品德的人是近于神明的，到了一定年龄就有繁殖、生育的欲望。……当他同时遇到一个既美又高尚又优秀的灵魂时，他就会对这个身心俱佳的对象五体投地地喜爱，他会和这样一个人大谈其品德，谈一个杰出的好人应该怎样，要向什么方向努力，从而对他进行教导。由于他和这个美好对象接触，我想，由于他们的交往和谈话，他就把自己向来积蓄在内心的东西生育出来，由于他不管对象是否在场都在怀念对象，他就与对象共同培养着他所生出来的东西。所以他们之间有一种非常重要的共同性，比夫妻关系深厚得多，他们的友谊无比巩固，因为他们共同拥有着更美、更不朽的子女。每个人都应当不以生育凡俗的子女为满足，而要求生出那样不朽的子女来。他要看一看荷马、赫西俄陀和其他杰出的诗人，羡慕他们留下那样一些后裔，为自己带来不朽的名声，本身就永垂不朽。①

阿里斯多潘话语中的个体的人在寻找另一半的时候似乎只关注到原始的、模糊的结合，他所说的欢乐是不带有精神属性的，而苏格拉底复述的这些话语带有强烈的教育性的意义，即与爱人的交往通过谈话式的活动，所得到的

---

① 〔古希腊〕柏拉图：《柏拉图对话集》，王太庆译，第335页。

提升式的快乐比"生欲性的爱"来得更为令人震动，他们的精神活动的成果可以类比于"子女"的，即是诗一类的"作品"。我们今天读到的"柏拉图"，也并非以父母的子女的角度去考查的某个人，而是名之为"柏拉图"的一些原生著作，一些人类的精神成果，在这些作品中孕育着即使今后千年仍然会被不断重复谈论的明智与明德、明哲与明鉴。

一个人要想循着正确的途径接近这个目标，就必须 A 从幼年时候起追求美的形体，如果开始做的正确，他当然首先只会爱好一个这样的形体，并且用一些美好的话语来称颂它，然后发觉某个形体里的美与其他形体里的美是贯通一气的，于是他就要追索那个具有类型意义的美者，这时，就只有大愚不解的人才会不明白一切形体中的美是同一个美了。明白了这一点，他就成了爱一切美好形体的人，把他的热情从专注于某一形体推广到一切，因为他把那种专注一点看成渺小的、微不足道的。再则，他必须 B 把灵魂的美看得大大优于形体的美，如果有一个人灵魂值得称赞，即便形貌较次，那也足够了，他也应该对这个人表示爱慕之情，加以照顾，他心里想出来发表的那些美好的话语可以使青年奋发向上，他这样做也使他自己遍览人们各种行动中以及各种风俗习惯中的美，从而见到美是到处贯通的，就把形体的美看成甚为微末的了。

可是他必须从各种行动向前更进一步，达到知识，这样就见到知识的美；*C* 眼睛里有了各式各样美的东西，就不再像奴隶似的只爱一个个别的东西，只爱某个小厮、某个成人或某种行动的美了。他不复卑微琐屑，而是放眼美的汪洋大海，高瞻远瞩，孕育着各种华美的言辞和庄严的思想，在爱智的事业上大获丰收，大大加强，大大完善，发现了这样一种唯一的知识，以美为对象的知识。

……一个人如果一直接受爱的教育，按照这样的次序——观察各种美的东西，直到这门爱的学问的结尾，就会突然发现一种无比奇妙的美者，即美本身。……它首先是永恒的，无始无终，不生不灭，并不是在这一点上美，在那一点上丑，也不是现在美，后来不美，也不是与这相比美，与那相比丑，也不是只有这方面美，在别的方面丑，也不是在这里美，在那里丑，或者只对这些人美，对别的人丑。还不止此，这美者并不表现于一张脸，一双手，或者身体的某一其他部分，也不是言辞或知识，更不是在某某处所的东西，不在动物身上，不在地上，不在天上，也不在别的什么上，而是那个 *D* 在自身上、在自身里的永远是唯一类型的东西，其他一切美的东西都是以某种方式分沾着它，当别的东西产生消灭的时候，它却无得亦无失，始终如一。所以说，人们凭着那种纯真的对少年人的爱，一步一步向上攀登，开始看到那个美时，可以说接近登峰造极了。因为这是一条正确的途径，可以自己遵循着它去爱，也可以由别人领着去爱，先从这个个别的美的东西开始，一步一步地不断上升，达到那统一的美，E 好像爬阶梯，从一个到两个，再从两个到一切美的形体，更从美的形体到那些美的行动，从美的行动到美的知识，最后从各种知识终于达到那种无非是关于美本身的知识，于是人终于认识了那个本身就美的东西。①

对古希腊人而言，"优秀"即是指健美的体魄与健全的心灵。少年人还不具备求知的能力和决心的时候，也就是较为年轻的时候，对于追求美的形体的对象的爱慕之心是有的，但他自己也应当从体育活动中练就自身的形体的美。这段引文无疑再次申明，即爱的对象最初虽然是从 A 美好的形体开始萌发的，却也要顾及 B 灵魂之美好是远远大于形体之美好的，也就是要在日渐成熟的追求方面，不仅有兴趣追求身体性的爱，更要追求求知之能力，激发对于知识的美好的热情；柏拉图将之叫作 C "爱智的事业"，只有在这样的前提下才会有关于"爱的教育"。不难看到，阿里斯多潘的故事虽然激动人心，也有一定的哲学深度，但是不会触及"教育"问题。人们可以问：爱与教育有没有关系？有何种关系？如果人类连在"爱"中都无缘涉及对于

————————

① 〔古希腊〕柏拉图：《柏拉图对话集》，王太庆译，第336~338页。A-B-C-D-E 也是引者标记的。

年轻生命的教育的话，哲学何为？什么才是"爱智慧"呢？——虽然 D 孕育自身的美本身带有柏拉图理念论（Idealism）的影子，但"美本身"这个概念毕竟照亮着全人类的行动和知识，它具有普遍性（universal），或者是宇宙性的。个人的活动没有办法像太阳喷薄而出照亮万有令普天光明那样，但人类因为他的追求，追求知识的天性，所以虽然 E "好像爬阶梯"，从身体美到灵魂美再到知识的美，便仍然有机会认识到美的整体性，对于柏拉图而言，这才是爱的活动的本质。

《会饮篇》是第一部将爱的教育的主题放在人类整体性视域下论述爱的本质的作品，文理细腻，启迪灵魂，既有浅显的、日常的关于爱的诸种理解，又有诸如阿里斯多潘、狄欧蒂玛口中层层推进的哲学思辨，可以将之看作讨论爱的问题的一部大全。从殖生性这个原点出发，阿里斯多潘给出了爱的"对耦性原则"，而苏格拉底却赞同它的另一面，即"自足性原则"，用我们比较熟悉的表述来说，一位重视身体之爱，一位重视精神之爱，而人类对于自身完整性的关注基本不会超出这两个范畴。

舍勒在哲学上也区分"自爱"与"纯粹的自我之爱"：

> 即与一切所谓的自爱（Eigenliebe）有着根本区别的纯粹的自我之爱（Selbstliebe），或对自身的拯救之爱。在自爱之中，我们只是 A 从我们"自己的"眼光出发看待一切和我们自己，同时将一切给予物和我们

自己统统与我们感性的感觉状态联系起来，乃至我们不能分别而清楚地意识到这种作为关涉的关涉（Be-zug）。*B* 于是，我们可能迷失在这里，并且使我们自己的最高的精神潜能、禀赋、力量甚至我们的使命之最高主体本身成为我们的肉体及其状态的奴隶。我们"并未发挥我们的才智"，而是将它虚掷了。*C* 我们在自爱之中察获的一切，自然也包括我们自己，均为一系列五光十色的假象所蒙蔽，由它们编织而成，难免模糊、空洞、虚荣、傲慢。*D* 纯粹的自我之爱则截然不同。在此，我们的慧眼及其意向光束已投向一个超世的精神中心……意味着将自己完全看作整个宇宙的环节。……自我校正、自我教育、懊悔和禁欲这些自我塑造的鏊锤将击中我们身上僭越那个形象的任何部分……①

自爱的原则基于"自己"，而非"宇宙的环节"的自我，这是类似于阿里斯多潘讲到的原本完整的一个个体，所以它便只具有 *A* 个体性的眼光，"另一半"或世界上所有的给予之物都是这个"自己"的关涉物；这种关涉的特征是感性化，或者在绝对性的意义下的肉身化，所以 *B* 肉身是这个"自己"的主体和中心，它有时候埋没了才智，在欲望中显得奋不顾身，很像阿里斯多潘描绘的喜剧性的场景；如果仅从欲望去寻求爱，则 *C* "自己"与"另一半"

———————
① 〔德〕马克思·舍勒：《爱的秩序》，孙周兴等译，第100~101页。A-B-C-D 是引者标记的。

（或其他关涉物）在一种缺乏理智的前提下完成的爱，不过是一个模糊的、虚荣的感受，容易被自己蒙蔽。所以，与以"自己"为原则的"自爱"所不同的"自我之爱"一定要 D 充溢精神的要素，要与自我的修正、教育、塑造等錾锤之音相合。

在笔者看来，《会饮篇》中的对耦性原则与自足性原则的对立，与舍勒哲学中"自爱"与"自我之爱"的对立在思想上是融通一致的。前者虽然涉及两个或两个以上的个体，但其内涵仍是"爱一个""爱自己"，它满足自己的本能冲动；后者虽然也局限在一己之身，但它通过思想、作品、精神，打开一条通向其他个体的道路，从自我教育的角度，完成人文主义的智慧超越。我们对这一点也应当是熟悉的，如同柏拉图笔下的苏格拉底告诉我们的，在与爱人或恋人相处的时间里，如果能进行真正打动人心的谈话，在谈话与交流中提升和充实着的自我以及那种特别幸福的感觉也是极为值得珍爱的。

　　爱在爱之时始终爱得并看得更远一些，而不仅限于它所把握和占有的东西。触发爱的本能冲动可能偃息，但爱本身不会偃息。这种"心灵的升华"——它是爱的本质——可能在价值领域的不同高度取根本不同的形式。在同样的乃至渐衰的本能冲动中，纯粹的好色之徒在其宠爱对象上的享乐满足日益迅速地衰减，这就驱使他从一个对象到另一个对象，而且变换越来越频繁。因为，这种水使人越饮越渴。与此相反，精神对象（无论是事物，还是被爱的个体）的求爱者获得的满足（根据其本性）日益迅速地增长，也日益深刻地充实着人，这就在同样的或衰减的以及从本原上引向精神对象的本能冲动中仿佛始终给人以新的允诺：

弗朗索瓦·杰拉尔德《灵魂与爱》（**Psyché et L'Amour**）
画面为爱神厄洛斯（即丘比特，阿弗洛狄忒的儿子）与仙女普赛克，
后者象征人的灵魂，头顶飞着一只蝴蝶

这种满足使爱的运动视野始终略为超出现存的范围。在个体之爱（Personliebe）的最高境界，这种运动恰恰因此使个体的发展沿着他所特有的理想性方向和完美方向原则上趋于无限。①

爱始终是激发认识和意愿的催醒女，是精神和理性之母。

—— 马克思·舍勒《爱的秩序》

---

① 〔德〕马克思·舍勒：《爱的秩序》，孙周兴等译，第108页。Person一词在舍勒的用法中不仅代表"个体"，还具有个体之位格即"人格"的含义，所以这段文字中"个体之爱"与"他所特有的"两处文字标记了不同字体，大意是指在精神性的理想的爱的完善方面，贯穿了一个个体的力量能够使他完整地成就属于他自身的那个自我。这一点无疑与《会饮篇》中的苏格拉底所持的立场也是相通的。

七　人类之爱

　　《会饮篇》中，在诸友奉献了各自的爱神颂词后，酒宴上闯进来一位小伙子，他是阿尔基弼亚德，历史上哲学家苏格拉底的一名学生，在柏拉图笔下是一位爱慕苏格拉底的年轻人，雅典最美的少年之一，他以半醉的口气叙述了自己追求苏格拉底而苏格拉底不为所动的事实，让我们看到苏格拉底作为教育者的明智与坚定，他的行动与言语一致，几乎就是现实中智慧之爱的化身。身体之美与智慧之美皆为人类所追求，纵使古希腊社会存在用青春的身体之美交换成熟的智慧之美，即今人所谓"柏拉图之恋"的传统，但《会饮篇》中的苏格拉底却说这是"想拿黄铜换金子"[1]，苏格拉底自认为智慧不够，不配得到像阿尔基弼亚德这样的少年的爱，美少年感觉到跟他在一起就"好像跟一位父亲或哥哥在一起一样"[2]。苏格拉底就是这样一位教育者。

　　《会饮篇》的结尾殊为诗意，其他在场的朋友们或离开或睡着了，只有悲剧诗人阿伽通、喜剧诗人阿里斯多潘、哲学家苏格拉底还在谈话，就像古希腊曾经的荣光，悲剧、

---

　　① 〔古希腊〕柏拉图：《柏拉图对话集》，王太庆译，第 347 页。
　　② 〔古希腊〕柏拉图：《柏拉图对话集》，王太庆译，第 347 页。

喜剧、哲学，尚遗留着精神性的谈资。而经过通宵达旦的会饮，阿里斯多潘也先睡着了，天亮时阿伽通也睡着了，千杯不醉的苏格拉底依然清醒。"苏格拉底在这两个人入睡之后就站起来走了……他走进吕格恩，洗了个澡，像平常一样在那里度过了一整天，傍晚才回家休息。"① 而在今天，像古希腊悲剧、喜剧那样恢宏深刻的文学形态也衰微了，哲学却仍旧活跃着，预备着净化的力量，应对我们的日常。

在精神世界中爱着的人，都会像《会饮篇》留给我们的这个背影一样孤独。孤独是一种陈酿的味道，像不醉的酒，举起它的人，与过去和未来的时间干杯。

《苏格拉底之死》，雅克－路易·大卫，1787 年
油画形象地表达了对真理的不懈追求

---

① 〔古希腊〕柏拉图：《柏拉图对话集》，王太庆译，第 352 页。吕格恩是古希腊著名的花园。

在现代社会，在智慧之爱中独享孤独之人，正如普鲁斯特品出的这味道：

> 他拥有的一切，思想、作品，以及他认为次之又次之的其余东西，都会兴高采烈地送给一个理解他的人。但是他没有自己忍受得了的交际圈子，他在孤独中生活，还带有野性的成份。对此，上流社会的人称之为虚假作态，没有教养；当权者称之为思想有问题；邻舍称之为神经病；家人称之为自私和傲慢。
>
> ……
>
> ……孤独的实践使他爱上了孤独，正像我们一开始对任何大事都恐惧万分一般。因为我们知道这大事与更小的事不相容，而我们将小事看得很重。大事并没有剥夺掉我们的小事，而更多的是使我们脱离小事。在没有经历大事之前，我们的全部心思都在想知道我们可以在什么程度上将其与某些小小的快活调和，一旦我们经历了大事，那些小小的快乐便再也不成其为快乐了。[1]

日常生活是些许小事，以及在小事与小事之间调和的快乐；思想和创作是大事，孤独只不过是它的外衣，在他爱上的孤独的外罩下，艺术和美生成血肉。虽然上层社会

---

[1] 〔法〕普鲁斯特：《追忆似水年华》（第二卷），桂裕芳、袁树仁译，第379 页。

的人、当权者、邻舍乃至家人都不能理解这个人，但对于能理解他的任何人而言，他的创作和奉献都是值得的。人文主义视野下，能理解这种孤独的所有人们，集合成"人类"。这个人类不是物种的人类，而是精神的人类。

柏拉图的"洞穴比喻"是每一位学习哲学的青年都熟悉的，我问他们："那个看到了真正的太阳的人为什么还要回到洞穴中，被他的同类杀死呢？"同样，我也经常问他们："你爱人类吗？"

这个提问的关键在于爱和怎样去爱。本章所谈论的爱的相关论题，诸如自由、死亡、心灵、秩序、善恶、欲望、智慧，几乎都可以由主体独立地、自足地去认识、获得和追求，虽然似乎爱总需要它的对象（对象的可爱性），但没有这些主体能够完成的主题性的任务，爱之于任何对象的行为似乎都是不可能的，仅对于对象产生所谓"爱"无非是美妙的空洞的托词。虽然这些复杂的问题层层叠叠，团团绕在一起，在日常小事中难以厘清头绪，然而只要主体对其产生兴趣，但凡想要在实践中弄清一二，他就已然偕同他想要知道的这些题目切近了爱，他便开始经历些"大事"，哪怕不是在作品中经历，亦可以在个体的心灵和智慧中经历。

"我发现你能这样在孤独中自弹自唱，自得其乐，就挺幸福；要知道，你走到哪都是一个陌生人，只有在自己心里，才找得到亲切的知己哦。"[1] 人生或许是孤独的，在追

---

[1] 〔德〕歌德：《威廉·迈斯特的学习时代》，杨武能译，第 140 页。

求可爱性的对象性的爱情活动中，人也不免会在某段时间里感受孤寂，而充沛了善的意志的三位一体的心灵或是在与青年们、朋友们会饮的自足的灵魂里，孤独所触却并不孤独。这是哲学教育在现实中所能够达到的一个目标。托马斯·曼在评论歌德所创作的自传性小说人物时说：

> 那一天来了，他无比惊讶地发现，他在学习的同时也讲授过，指导过，教育过，引领过，通过高尚的、充满厄洛斯和对人具有凝聚力的语言这一文化手段，给年轻的生命打上了他的精神印记，这一认识，这个从此主宰着他生存的确定信念，在直观性的乐趣上将一切一般人性的爱和为人父的幸福远远地抛到后面，正如精神的生活在尊贵、美和伟大方面大大超越感性和个体性的生活一样。[①]

作为这样的人就挺幸福，因此做哲学教师就挺幸福，像苏格拉底那样就挺幸福。他们都将精神看作第一位的。在精神所引领的他自己和年轻人的感性生活里，感性生活是有秩序的，虽然也同时有着野性和孤独，但这不就是厄洛斯吗？爱是一种内在经验，爱的内在经验并不是外在的浪漫，爱的内在经验是朝向自我的完全赤裸。纯粹的自我之爱的受益者，通过自足而爱的人，不会否定这一点。

第三讲　爱是什么？

---

① 〔德〕托马斯·曼：《歌德与托尔斯泰》，朱雁冰译，第 111 页。　　257

人文主义的教育者心怀人类，或者说，虽然他终身亲执所教的子弟可能不超过两三千人，但他会把他们每一个都看作人类的表率、人类的先锋，希望他的子弟普遍能够去爱，愿意学习怎样去爱。人文主义者心怀人类的更好的转变。他就如《学记》中所讲的："善歌者，使人继其声；善教者，使人继其志。其言也约而达，微而臧，罕譬而喻，可谓继志矣。"① 柏拉图笔下的苏格拉底重复狄欧蒂玛的话，而历史上的柏拉图也继承着苏格拉底的教诲，他们的话语精微美妙，又不乏真理的譬喻，均以哲学教师的身份爱着人类。

我在香港中文大学读书的时候，经常去的图书馆是新亚图书馆，因为哲学类的书籍都列藏在那里，哲学系的本科生所隶属的书院也是新亚书院，新亚书院是香港中文大学的前身。新亚图书馆第一层有一尊创办人钱穆先生的半身像，步入图书馆即可一眼望见。我每次去阅览或借书之前，总要和先生的目光片刻相对，心里就感觉踏实。新亚图书馆后面不远就是香港中文大学最著名的景观：天人合一亭，几乎是每一位到访者的朝圣之地。天人合一亭主要由不长的一个休憩廊亭、二三十米宽的一个人造水池，以及植在凹进池畔半圆形区域的一株大榕树组成。景观的奇妙之处是驻足亭下池边，池中如镜一般的水面与城市远处的吐露港海湾的海平面在视觉效果上连成一片，而远处那

---

① 《礼记》，胡平生、张萌译注，第705页。

海与蓝色的天空又连成一片，所以似乎看到的是辽阔无际的天地，这天地间充满着可赞叹的伟大的东西，让人有神明居临之感。每次去都感觉大榕树又长高长粗了，它的发荣滋长映射着天地生机。天人合一亭是人造的，代表人的一面，而它引领人的目光朝向自然的天，朝向神圣的大海和天空，使天人相融合。钱穆先生的文章《论天人合一》镌刻在与廊亭相连的面向游人的壁上。

个人从完整的自我的视角极目远眺，所至之处是融合，是人类的理想。钱穆先生雕像的神态告诉我的，以及他当年创办新亚学院的理念，就是人类之爱，是希望教育者和莘莘学子共同融入天地的人类之爱。

兹引《新亚学规》三条以示留念：

新亚学规

凡属新亚书院的学生，必先深切了解新亚书院之精神。下面列举纲宗，以备本院诸生随时诵览，就事研玩。

一、求学与做人，贵能齐头并进，更贵能融通合一。

二、做人的最高基础在求学，求学之最高旨趣在做人。

三、爱家庭、爱师友、爱国家、爱民族、爱人类，为求学做人之中心基点。对人类文化有了解，对社会

事业有贡献，为求学做人之向往目标。……①

学规凡二十四条，无处不要求爱，爱老师、爱朋友、爱学问、爱学校，更重要者，乃是爱人类。这是真正的大学人文之精神，也是教育者的爱的精神。从事教育而没有爱是不可能的，切近真正的爱而不触碰类似于人文教育的理念也是不可能的。

新亚书院校徽（上有"孔子问礼於老子"画像）及"诚明"校训

虽然歌德曾写下："关于教育，世人谈的和写的已经很多很多啦；可我只看见很少的人，能把握那将其余一切包含其中的简单而重要的真义，并且付诸实践。"② 而托马斯·曼看到了歌德自己通过终身活动所塑造的社会理想的呈现：一个新的世界，在其中人类将从人与人之间的、小

---

① 钱穆：《新亚遗铎》，生活·读书·新知三联书店，2021，第1页。对哲学教育有兴趣的同仁或同学，不论身处何方，可将《新亚学规》完整阅读记诵，是有益的。

② 〔德〕歌德：《威廉·迈斯特的学习时代》，杨武能译，第121页。

事的、日常的、不必要的自尊感的樊笼中解脱出来；新世界将到来，所有认识到它的人，厌弃腐朽的、小市民的和麻木不仁的心灵状态，而认信具有伟大的冷静品质的事业；它的到来使人类精神与心灵秩序相适应，使心灵能够重新获得权利，获得美好的人性的良知。①

① 参见〔德〕托马斯·曼《歌德与托尔斯泰》，朱雁冰译，第 170 页。

附　录

一堂真实的哲学课

这是笔者在 2019 年所讲的一堂哲学课，由何彦昊根据课堂录音整理，基本保留了语言风格的原汁原味。所讲内容为柏拉图的《会饮篇》，引文皆摘自王太庆先生的译本。讲述主要还原了对话中每个角色对爱的追问和赞美的立场，与本书第三讲文字相辅相成，可作为其补充。虽然柏拉图对每个角色的陈词采取平铺的叙述，但思想上却是"这峰却比那峰高"，似层峦叠嶂，无怪乎历代人们游历其间，读此名篇都有兴味盎然、意犹未尽之感。

一

在《会饮篇》中，苏格拉底对于爱的谈论聚焦的是对耦性比之自足性的问题。我认为他通过三个步骤来描述自足性是什么。第一步，他论证我们的希求之中蕴含着缺乏。从希求的角度看，我们之所以需求美好是因为美好这个品性自身就寄于我们对于美的需求的活动之中。所以苏格拉底在论证自足的时候，首先讲的是缺乏中的自足，这就是把爱当作了一种活动来对待。第二步，他论证的是自足的不朽性。苏格拉底讲的是我们对于不朽的自足的追寻，实际上如同诗人对于诗歌的创作，对作品的创制。无论就智慧而言还是就身体而言，在对于不朽的爱的追求中，我们所做的都是同一件事，这就是繁衍或者说创造。凡人皆有死，但在生命活动中我们却可以因为创造而达及不朽。事

附录 一堂真实的哲学课

实上，如果我们在智慧上达及了明智，也就达及了自足性，而这个自足性就是美本身。苏格拉底从形体之美，上升到对于万物皆美的爱，再从此超越出去，最终所达到的就是美本身的自足性，而这个自足性就等同于柏拉图哲学所说的"理念"。所以，苏格拉底论证自足的第三步就是对美本身的给出。在这里，他所反对的是阿里斯多潘把爱的形式

等同于缺乏的说法。我们知道，欲望本身的形式就是缺乏，即总是不断地希求。与此相对，智慧本身的形式是自足。所以这样来看，大家可以看到在柏拉图式的推理当中，我们是如何完成爱智慧这件事的。关键就在于你是否能够在自己的理性中找到一种自足性。这样一来，哲学自然而然地就现身了，或者说它就变成一种能够施展出来的属于自身的一种行动。所以，哲学（philosophy）在哲人（philosopher）的身上就体现为一种活动，我们要把它动词化然后将之用进行时表达，转化成为一种"哲学化的生活"（philosophizing）。尽管这个观念是 20 世纪的哲学提出来的，但是我们可以看到它的形式在古希腊人讲哲学的过程中就已经完形了。在某种意义上，哲学史中所有的西方哲学问题在希腊都已经完形了，所以人们会认为古希腊是智慧的开端或者哲学的开端。下面我们进入对《会饮篇》的文本讲解。

电影有蒙太奇的转换手法，苏格拉底的出场和这很像，他是在阿波罗陀若复述阿里斯多兑谟的话语中出场的

（172A-173B①）。柏拉图淡化了这场对话的现实性，把它当作故事来讲。这样就有一个问题：用三人说话与两人的区别在哪呢？例如我们刚开始学一门外语的时候，要做对话（*dialogue*）训练。一个对话，两个人就够了——足以衍生出话题。两个人一道走，总有一个人会想出话题来，这就意味着两个人就可以做对话。而西方哲学当中所说的"辩证"（dialectic），即作为哲学方法的辩证法，就来源于柏拉图的 *dialogue*。辩证的基本意思就是两个人在语言的行进中不断地对话，不断地剥离掉意见，从而显示出核心的东西。所以，苏格拉底的方法又叫作思想的助产术。辩证是西方哲学切近命题的思想方法，起点是两个人的对话。那为什么这里有三个人的影子呢？这似乎预示着这篇对话的思想方法的核心是对话与对话的剥离，是对关于爱的意见的匡正，或者说是对爱的主题进行谈论的辩证法。我们从会饮开始的地方开始讲解。

（阿迦通）：来呀！苏格拉底，请挨着我坐，让我靠近你，可以沾到你在隔壁门楼里发现的智慧。显然你是找到了并且抓住了它，要不你还不会来。（175D）

---

① 这里使用的标准码是学者们研究柏拉图文本的定位参照，一般标记在各个版本的页边。参见〔古希腊〕柏拉图《柏拉图对话集》，王太庆译，商务印书馆，2004，第288页以降。以下引文皆摘自本书，不复赘述。

（阿里斯多兑谟与苏格拉底）两个人走到阿伽通的院子里面。进去的时候，阿伽通说："苏格拉底来了吗？叫仆人去叫他。"他的朋友就说："别喊，叫他待着，他有这样的习惯，常常到一个地方，就不走了，站在那里不动，我想他就会来了，不要打扰他，让他待会吧。"苏格拉底站在院子里不走了，因为他在思考。[①]

历史上的阿里斯多潘有部喜剧叫作《云》，主角的名字就叫苏格拉底。阿里斯多潘所描述的苏格拉底，也是这样的一个人，他会随着自己的脚步陷入沉思，然后就变成一个石巨人，连走路都忘了。阿里斯多潘的整个戏剧对于雅典人最后判处苏格拉底死刑，起到了推波助澜的作用。因为大家所熟知的这部戏剧当中的苏格拉底，就如同我们现在通过看一个人的传记电影来了解的人一样，于是乎，真假难辨——这与苏格拉底的遭遇是一样的。

但是读到后面我们会知道，阿里斯多潘与苏格拉底是朋友，阿里斯多潘并不是要通过写一部戏剧来加害他的朋友。真实的苏格拉底与阿里斯多潘的关系似乎在《会饮篇》中也能寻出蛛丝马迹，他们二者都是极有智慧的人，也互相尊重，然而，所谓的历史会发生在种种差别和变幻莫测当中。苏格拉底是怎样的一个人？苏格拉底与阿里斯多潘的关系是怎样的？在阿里斯多潘所创作的《云》这部戏剧中的苏格拉底是怎样的？是不是真实的苏格拉底？柏拉图

---

① 此场景系笔者在课堂上的拟构。以下凡非有标准码的引文，均为场景拟构或解析。

笔下的苏格拉底会更真实一些吗？这些都是大家应该去思考的问题。

（阿里斯多兑谟）：这以后苏格拉底入了席，和其他的客人一起用餐。他们向神奠了酒，唱了庄严的颂神歌，举行了例行仪式，大家开始饮酒。于是包萨尼亚开始发言，说："诸位，我们现在用什么方式喝酒最愉快？我这方面可以告诉诸位，实际上我还没有从昨天喝的酒里醒过来，需要缓口气；我觉得你们多数人也和我差不多，因为昨天你们也在场。所以请你们考虑一下我们怎么喝最合适。"（176A）

（鄂吕克锡马柯）：我没有把苏格拉底算在内，因为他能喝，也能不喝，摆在哪边都行。（176C）

这是古希腊世界如何饮宴的一个生活细节的说明。大家还要祭神、唱颂歌，然后举行仪式，才开始饮酒，而且还必定有主题，于是里头有人说："诸位，我们现在用什么方式喝酒最愉快？"我们还应该注意到一个细节，他们这时已经连续喝酒到第二天了，酒力强的人依旧能喝，酒力弱的人早已经不行了。而苏格拉底除外，因为苏格拉底的酒量既可以强，也可以不强。酒是会饮的气氛，柏拉图关于酒力的隐含的描述也渗透在每个角色的陈词中。

二

他（裴卓）时常很气忿地对我说：说起来真奇怪，鄂吕克锡马柯！各种神道都引起过诗人们作歌作颂，只有爱若除外，从来没有一个诗人写诗颂扬他，尽管他那样伟大。……我建议我们从左到右轮流，每个人都竭尽所能作一篇颂扬爱神的讲话。（177A-D）

爱若（Eros），又译作"厄洛斯"，本身是一个非常伟大的神，他非常古老。在希腊神话里，最初产生的是混沌，其次产生的就有爱若，他蕴含着丰沛的原始性的力量，这与后来神话中的女神阿弗洛狄忒（后文译作阿莆若狄德）不同，后者已然被文明化了，有些罗曼史的爱情之义，而爱若则不同。因此，在座的人一致赞成以颂扬爱若作为会饮的主题。我们现在接到第一个发言人裴卓。

他（爱若）是一位最古老的神，古老就是一种荣誉。他的古老有一个凭证，就是他没有父母，从来的诗歌和散文没有一篇提到过爱神的父母的。与此相反，赫西俄陀说：首先产生的是浑沌——

然后是宽胸的伽娅这负载一切的基础，随后是爱若。

阿古西劳也跟赫西俄陀一样，说随浑沌之后产生了两个神：伽娅和爱若。巴门尼德描写创世时说——

一切神灵中爱神最先产生。（178B）

裴卓认为爱若的伟大尤其表现在他的出身上，因为他非常的古老，而古老正是一种荣誉。他的古老的凭证就是他没有父母，在古希腊的神话中没有一篇提到过爱神的父母。可是，大家读到后面会发现，苏格拉底的话给爱若创造了其父其母，如果裴卓说的是真的，则苏格拉底的话就是无稽之谈，是他的一己之见。然而，这是不是苏格拉底在创作呢？我们可以在此思考，什么是创作？是遵循的历代的传说和故事，还是基于论述的思辨？苏格拉底在反对神话吗？神话与哲学在希腊历史上的处境和关系是怎样的？这里赫西俄陀的语句，出自《神谱》，大家可以找来看；而巴门尼德则是一个哲学家，他以写诗的方式来论述思想。爱若为什么这么古老？基于我刚才所提的这些问题，大家可以去思考一下。

由此可见普遍认为爱神是诸神中间最古老的神，而且是人类幸福的来源。拿我自己来说，我就认为一个年轻人最高的幸福无过于有一个钟爱自己的情人，情人的最高幸福也无过于有一个年轻的爱人。因为人们要想过美好正当的生活，必须终生遵循一个指导原则，这并不能完全依靠血统，也不能靠威望、财富，只有靠爱才能办到。（178C）

　　为什么爱神这么伟大，甚至说"是人类幸福的来源"？为什么从幸福的角度来看，爱是伟大的？为什么歌颂爱神就要落实到情人和爱人的身上去？也就是说，爱的属人性会是什么意思？幸福是否也存在功利性？为什么可以从幸福这一点出发去论证爱的伟大性？裴卓说因为它能够激发出勇气，而勇气又被美感所洋溢。这说的就是荣耀感，爱使人产生荣耀感，而荣耀感即这里所说的幸福。裴卓说"情人的最高幸福也无过于有一个年轻的爱人"。王太庆先生在注释中说："古希腊社会有男子同性恋的风气，年龄较大的男子钟爱较小的少年。"我们在《会饮篇》中接触的就是这种爱恋的形态。情人与爱人分别指的是同性当中的年长的一方与年少的一方。虽然，一般而言，年长者具有智慧，年少者具有美，智慧与美给人生以勇气，然而我们也可以不需要在旁枝末节上过多纠缠，真正的问题在于：为什么要以裴卓所给出的爱欲的方式为切入点，进而展开对于爱若的讨论呢？男子与女子的爱情结合的终点是婚姻和繁衍，而婚姻和繁衍是以缔造家庭和家族为目的的。裴卓的出发点恰恰摒弃了这些，单就爱若来谈论，也就是把爱的问题纯粹化了。所以，古希腊人基于它的社会背景所进行的对于爱若的讨论，就脱离了人类的繁衍这一事实，从世俗中超拔了出去。

　　我敢说，如果一个情人在准备做一件丢人的坏事，或者在受人凌辱而怯懦不敢抵抗，这时他被人看见了

就会觉得羞耻，但是被父亲、朋友或其他人看见还远远不如被爱人看见那样羞到无地自容。（178D）

在这里，裴卓给出了一个标准：人是爱慕美好的。什么是美好的呢？在他看来，不做怯懦的事，不做羞耻的事就是美好的。如果被爱人看见了做坏事，就会遭到鄙弃，这个前提也是从智慧的出发点而论的。在这里把荣耀看作好的，也是带有一点功利性的。想要自己变得好，或者说想要被别人看到自己的好，为了达及这个目的，于是去追逐一种荣耀。也就是说"人"或者"自己"，若是在他人眼中的"见证"，他便不能是自足的。裴卓之所以说爱是好的，就是因为爱能够帮我们塑造出荣耀。人的本性爱慕好，从这个角度看，人的本性当中也包含有因他而利我的成分。这样一来，有一个问题：这是不是在利用爱呢？所以后来会饮中的论证就有两个针锋相对的观点：有的人认为希腊人对于情人与爱人的关系的界定是美的，有的人则认为它是丑的。那么，从什么角度说它是美的？又是从什么角度去界定它是丑的？这也是古代希腊社会的一个问题。而苏格拉底的话语对此是持否定态度的，他认为爱能够帮助人类繁衍虽说是必要的，而男性情人与爱人之间的爱可以是不必要的，关于爱的追问还是要放在爱本身的不朽上。如果以荣耀为一种目的或者功利的话，那么裴卓的话就会涉及战争，也就是因由爱而来的不止融合，还会有分裂和纷争，那么他这样说就是理所当然的：

荷马就说过，神在某些英雄胸中激发起一股神勇，这无疑就是爱神对情人的特殊恩赐。（179B）

这里说的是荷马史诗。在特洛伊战争中，阿喀琉斯有一个非常好的伙伴，而他的伙伴被杀了之后，阿喀琉斯在作战的时候心里就起了一系列变化。从这个角度看，其实裴卓一直在引用古希腊早期经典的诗学文献来印证他的观点。这相当于我们现在写论文，预先需要写一个文献综述，就是通过一些文献综述，去论述你要研究的这些问题是非常重要的问题，再以文献去支撑它。虽然文献综述的写法在亚里士多德那里才成熟，可我们也看到，柏拉图在对话中安排第一个人物陈词的角度好像也是在做这件事。其一，裴卓在作这篇颂词的时候，他的立足点就是神话、诗学、政治的伟大传统，而在这伟大传统当中，包含曾经铭刻的光荣或荣耀。其二，我们应从他的篇章中分析出，塑造荣耀的爱与战争之间有怎样的关系——这是文本中没提及的，但可作为哲学问题继续探讨，或者说战争就是爱所带来的一种必然，也就是说，战争本身被包含在爱的活动中，它的前提是在人与人之间产生了功利性的理由。由此，我们可以透视爱欲的一个基本结构。

还有一层，只有相爱的人们肯为对方牺牲性命，不但男人，连女人也是如此。（179B）

他的话又进了一步：爱是可以超越生死的，超越一己之私，由这一点去加强论证对爱进行追问的纯粹性。纯粹的爱是超越生死的，因而也是它的荣耀的一部分。这也从神话故事中得到印证。所以我们看到，对诗学和神话的喜爱是裴卓这个人的气质禀赋和性格。他期望获得爱以及因爱而带来的功利性的幸福，又期盼超越生死的爱得到神一般的纯粹的嘉奖。这似乎是一个普通的青年人的心态，既希求爱的享受，又希求爱的维护。裴卓的论证思路正是：从情人或爱人的角度看，男子会变得更成熟，女人也同样如此。他在论证的这个事情融合了两性、社会、历史、欲望、美好，作为开局，包罗万象，虽然论证有些单薄——他把神性就等同于伟大性，就等同于纯粹性，就等同于荣耀，就等同于在战争当中所获得的殊荣。

所以他在最后说："总起来说，我认为爱神在诸神中是最古老、最荣耀的，而且对于人类，无论是生前还是死后，他也是最能导致品德和幸福的。"（180B）这是裴卓对自己献词的最后总结。接下来我们继续学习包萨尼亚的陈词，从180D开始。

三

裴卓啊，我看我们的题目提得不很妥贴①。我们只

---

① 妥贴，应作"妥帖"。

是规定颂扬爱神。如果爱神只有一个，这倒可以说得过去；可是爱神不止一个，我们一开始就该说明哪一个是我们要颂扬的。所以我现在要做的就是纠正这个缺点，先把论题弄准，指出要颂扬哪一个爱神，然后再用适合这位尊神的语言来颂扬他。

大家知道，爱若是与阿莆若狄德分不开的。如果阿莆若狄德只有一个，爱若也就只有一个；如果阿莆若狄德有两个，爱若也就必定有两个。谁能否认这位女神有两个呢？（180C-D）……美和丑起于做这些行动的方式。做的方式美，所做的行动就美，做的方式丑，所做的行动也就丑。爱是一种行动，也可以这样看它。（181A）

在这里，他首先批评了裴卓的颂词。他认为我们首先应该分清对象，所以他把爱神一分为二：一位是阿莆若狄德，宙斯的十二主神中的一位女神；另一位是爱若。这就是说，我们在颂扬爱神的时候需要知道她在性质上其实是双重的：一个是天上的，一个是凡俗的。而这种区分依据的就是我们肉身所具有的行动上的爱欲和精神上所具有的爱欲之区分。所以，一位爱神包含着凡俗的欲望，另一位则没有凡俗的欲望。包萨尼亚认为他之所以这样区分，是因为我们不能否认每个人天性追求好的物事，就这一点而言，我们必须清楚"好的"是什么意思。他认为"好"在于我们做事的方式是好的，也就是行动是好的。在这里

"方式"显得格外重要。下面他就将对这个词展开希腊式的说明，我们会渐渐发现为什么"方式"是重要的。

> 凡间阿莆若狄德引起的爱神确实也是凡俗的，它不分皂白地奔赴它的目的。这种爱情只限于下等人。它的对象可以是娈童，也可以是女子；它所眷恋的是肉体而不是灵魂；最后，它只选择愚蠢的对象，因为它只贪图达到目的，不管达到目的的方式美丑。因此怀着这种爱情的人苟且从事，不管好坏。（181A–B）

这就是在肉身的意义上来描述爱，将爱从传统的文本拉回到了现实的境地。爱欲如果实现起来轻而易举，也就是把对于肉身的眷恋当作了目的。如此，人所面对的对象就是愚蠢的东西，他希求的方式也不是高尚的。之所以要做出这样的区分，就是提出支持他前面的说法的论据。

> 这种少年男子一定要显现理性，也就是腮帮上长胡须的时候，才能成为爱的对象。我想情人之所以要等爱人达到这种年龄之后才钟爱他，是由于存心要和他终生相守，不是要利用他的年幼无知来哄骗他，碰到另外一个可以宠爱的对象时就把他扔掉。（181D）

在这里他提出了爱的准则来自行为的正当，否弃投机的心，并遵守习俗，也就是当双方都能具备理性才能有爱的行为。被爱的对象之所以能够成为被爱的对象，是因为他已然具有理性，懂得了爱的行为不应该以丑的方式呈现，使之摆脱凡俗的欲望。对于古希腊的公共知识分子来说，这是一个公开的话题。我们在解读的时候也没有必要对此心存芥蒂，也就是习俗作为一种担保，给予无论哪种爱都以正当性，关键还是在于双方的行为的好坏。包萨尼亚的论证不仅第一次引入了天上与凡俗的区分，并认定爱与理性相关，而理性恰恰是能够使自身从凡俗的欲望中分离出来的一种能力。

> 宠爱幼童是照规矩应当禁止的，免得人们在动摇不定的对象上浪费许多精力，因为幼童无论在心灵上还是在身体上都是动摇不定的，终于变好还是变坏谁也不能预先知道。善良的人们为他们自己制定这种规矩，也强迫那些凡俗的情人服从它……那种循规蹈矩的行为就永远不会引起人们的反感，不会招来指责。(181E-182A)

现在包萨尼亚开始逐渐接近他所要给出的爱欲的答案。当裴卓把爱的意义归于光荣，他的论据基本上源自文献与诗歌，而事实上，我们从行动中获得的东西，一定与我们当下所处的社会的种种行为规范有关，而规范是因为它们"好"或者有利、有用，而约定俗成地成为普遍的。行为本身由行为规范来界定它的好与坏，也就是说行动方式的好坏决定了我们爱的方式的好坏，或者决定了我们对爱神的赞颂集中在哪个对象上。在这里就出现了一个极具希腊哲学特色的东西——*Nomos*。在希腊语中，这个词的词义非常广泛，具有法律、规范、习俗、标准等意思。用我们中国的传统说法，就相当于"礼法"这个词。所以他在后面才会一个劲儿地描述在古希腊的不同城邦中对于少年男子的爱的行为的看法，这都基于城邦中的人对于礼法的理解。他所给出的爱的意义的标准正在于此。

> 我可以指出，关于爱情的规矩在其他的城邦里是很明确易晓的，我们这里的这方面规矩却很复杂。在爱利亚、拉格代孟和博尤底亚，人们不长于辞令，他们干脆立了一条直截了当的法律，把接受情人的恩宠看成美事，无论老少，没人说它是丑事。（182A-B）

在这里，辞令与法律成了两个相对立的东西了，也就是说像裴卓那样的论证是不太有用的，不若直接就按照礼法说：爱情是好东西。有理性的人按照社会的礼法的生成使爱成为有用的东西、有利的东西。

> 蛮夷们把钟爱少年男子、爱智慧和爱体育都看成丑事，我想这是因为统治者不愿让被统治者发扬高尚思想，有牢固的友谊和亲密的交往，而这一切都正是爱情所产生的。（182C）

雅典人在习俗的意义上排斥了其他城邦关于爱智慧、爱体育的看法，从这一句中就可以看出来。大家可以思考这是为什么。为什么雅典式的智慧能够作为哲学流传千古？为什么习俗是可以随着历史的观念而改变的？即使同一个时代也会有不同的习俗，而关于习俗的思辨却是一贯的，是贯穿着人类的理性的讨论的。

> 我们这个城邦的僭主们就从经验得知：由于阿里斯多给东和哈尔谟第欧的坚强爱情和友谊，就把僭主的统治推翻了。（182C-D）

首先补充一个背景知识。在古希腊已经出现了三种基本政体，这也是世界历史的基本政治形态：君主制、僭主制和民主制。柏拉图在《理想国》中提到，君主就像城邦的头脑，他具有智慧的品德，即哲学王的理念，使他可以治理国家。因为有这种理想化的哲学王的理念，亚里士多德也认为在所有政体当中，君主制是最好的。现在西方实行君主制的国家，一般都是君主立宪制。君主立宪制对君主的权力有所制约，由议会形成一个智囊团来帮助君主治理国家，所以君主立宪制当中也包含有古希腊人所说的最好的政体的影子。次好的政体是民主制。《会饮篇》成篇之时，古希腊恰好是民主政治，每一位公民都有权力在一生当中有一两次机会进入到公民大会当中讨论关于城邦发展的重大事件，然后通过少数服从多数的方式来进行决策。

苏格拉底就死在民主制上，因为多数人投票认为苏格拉底应当死。从这一点我们可以看出，民主制所标扬的并不是智慧，而是一种权力的制约以及公民的自由。对于民主社会而言，自由的理念是最为高尚的。苏格拉底的友人和学生本来想劝苏格拉底逃走，但是苏格拉底坚持尊重雅典的礼法（Nomos），服从大家对于他的判决。通过这个事例，我们也可以看到礼法对于雅典人的重要性，苏格拉底的决心毋宁是"宁可天下人负我，我不负天下人"的意思。最后，在古希腊人看来，最不好的政体就是僭主制，这是由几个寡头所组成的利益集团对国家进行统治的政治形式。在这之中，只有少数人能够占据绝大多数人本应享受到的权力。于是，包萨尼亚在这里举的例子是说曾经寡头们谋害了一个人的爱人，最终这个人通过自己的复仇推翻了寡头的统治。这是一个用坚贞的爱推翻僭主政治的故事，表明爱欲能够把坏的东西淘炼出去，把好的东西留下来：这也是一种力量。

> 由此可知，一个地方把接受情人的宠爱当成丑事，那地方人的道德标准一定很低，才定出这样的规矩来。（182D）

"道德标准"和"规矩"都是指 Nomos。

> 反之，一个地方无条件地把爱情当成美事，那个地方的人们一定不愿制定这样的规矩。（182D）

不被世界的其他城邦所理解，也就很难被现代世界中的各民族所理解。所以当我们讨论这些问题的时候，如果能够把自己置换为谈话的角色，这些问题才会呈现得更加清楚明白。之所以说雅典人在这件事情上更加有理性，就是因为雅典人在这件事情上更加的中庸，他们会认为将爱的力量的美好融入社会，就会伴生相应的依照礼法来说是"好的"行为，反之亦然。古代人认为，凡是实践的智慧都是需要理性来帮忙的，而理性一向在社会习俗中把有力量的、有广泛影响的认作好的。

> 我认为道理是这样：这件事并不是十分单纯的，像我开头说的那样。单就它本身来看，它无所谓美，也无所谓丑；做的方式美它就美，做的方式丑它就丑。丑的方式就是拿卑鄙的方式来对付卑鄙的对象，美的方式就是拿高尚的方式来对付高尚的对象。所谓卑鄙的对象就是上面说的凡俗的情人，爱肉体过于爱灵魂的。他所爱的东西不是始终不变的，所以他的爱情也不能始终不变。一旦肉体的颜色衰败了，他就远走高飞，毁弃从前的一切信誓。(183D–E)

裴卓认为爱的伟大在于爱本身就伟大，而包萨尼亚在这里引入了礼法，看问题的角度于是有所转换。对于《会饮篇》而言，肉身之爱的问题被引入了进来，它的身影会复现在后来阿里斯多潘的陈词中。

我们的习俗定了两条规矩，头一条是：迅速接受情人是可耻的，应该经过一段时间，因为时间对于许多事物常常是最好的考验；第二条是：受金钱引诱或政治威胁而委身于人是可耻的，无论是不敢抵抗威胁而投降，还是贪图财产和地位，全都一样。（184A-B）

　　这段话比较有现实意义。关键词却还是"习俗"与"自由"。彼此的行为，如果是为了别的目的，不是为了爱，在哲学的审视中就很难站住脚。中国古代社会对于礼教也看得比较重。一般来讲，这也就是行动或者伦常的标准。古希腊社会也是这样，包萨尼亚在此所提出的一个观点就是：我们如果基于一定规范的爱的行为而赋予它相对宽松的自由，这个规范当中就需要包含中庸。中庸有两个要素，与这里所说的两条规矩可以相对应，一个就是要在全盘的时间里加以考虑，另一个是考虑的结果通过最后的选择要有其正当性。这是包萨尼亚的陈词中彰显的古代社会人们思想与话语的高尚性。其实，关于中庸与中道，古代希腊人和中国人思考得同样深刻。

　　按照我们这里的规矩，就只有一条路可以让爱人很光荣地接受情人；如果这样做，从情人方面说，心甘情愿地完全做爱人的奴隶并不算是谄媚，也没有什么可谴责的；从爱人方面说，他也自愿处于奴隶的地位，这也并不是不光荣的。这条路就是增进品德。（184C）

他在这里又补充了一个维度，即品德或道德。所谓光荣，不只是就长相而言，也不只是就财富与地位而言，而是说在品德的意义上，情人与爱人可以相互增进。因此心甘情愿地做爱人的奴隶也就不是谄媚，而是光荣。当然这也是反对和补充裴卓的话。从礼法到中庸再到道德的要求，包萨尼亚的话虽然符合古希腊世界当时的事实，但确实有些绕，连柏拉图自己都说："包萨尼亚使我们学到了聪明的能人们那种转弯抹角的说话技巧。"（185C）同学们不要觉得这样读书累，要加入自己的思考，这样就会觉得有趣。我们再继续看一段：

> 总之，为了品德而眷恋一个情人是很美的事。这种爱情是天上的阿葡若狄德所激发的，本身也就是属于天上的，对国家和个人都非常可贵，因为它在情人和爱人心里激起砥砺品德的热情。此外的一切爱情都起于凡间的阿葡若狄德，都是凡俗的。（185B-C）

这里就有值得思考的两点观念。第一点，当爱的原则与道德合而为一的时候，它是"天上的"属性，也就是说，把关于爱和关于道德的追求合二为一，就摆脱了凡俗，这是可能的吗？或者说是必然的吗？第二点，我们在包萨尼亚的发言的结尾处可以发现，当我们把中庸或者中道的自由度呈现出来的时候，"好"与"坏"在他那里却变为了一种绝对的东西。他举的两个例子，追求金钱的行为本身是坏的，在追求品德的时候行为本身是好的，看上去这是把问题进行了区分，其实是把论断进一步绝对化了。这就是礼法所要遵循的吗？因为尽管我们对于礼法会有一个定性的描述，但其实在每一个"行为"当中，情况都可以是多样的，都仍然可以基于相对自由的标准去考量，而不一定要遵从什么特定的习俗。所以他举的两个例子就过于绝对了，界定了什么一定是好的，什么一定是不好的。他的陈词中原本包含的界定礼法的标准是中性的这一要点，反而被他抹杀了。

我之所以提这两个问题，是因为道德相对主义是现代伦理学考虑得较多的，也是现代的伦理困境之一。大家在思考道德问题的时候往往是采取一种唯我的姿态去界定行为本身，据于一端去考虑道德，有时候会找现成的习俗为唯我做庇护，道德的评定就必然地是相对的，这与古希腊人，如亚里士多德从中庸的道德出发去推断应当施行的行为本身，是两个相反的道路。到了近现代，康德讨论道德的时候提出的道义论，提出的"自律即自由"的思想，与古代人接近，他也在思考如何克服道德相对主义。可是为什么到了今天，道德的标准的问题还仍旧那么模糊呢？或者说，大家从包萨尼亚的话中真的能看清楚什么是好、什么是美、什么是高尚、什么是爱么？我觉得很难。其原因就是：他的辞令不是哲学式的，不是辩证的，也没有能够自己去思想，他所讲的内容都是当时社会中曾发生的和流行的观念。

四

大家可以发现，这几篇颂词所运用的文体都是当时的希腊世界所流行的辞令，每一个人都代表了一种典型的文体。包萨尼亚在这里被说成是一种转弯抹角的文体，他的观点不是那么清晰，内在的精神要靠我们分析把它提炼出来，而在提炼当中还有自相矛盾的地方，或者说是他自己的观点被削弱的地方，但这也是一种文体的代表。下文的阿伽通运用了一种高贵的、高尔吉亚式的论辩式文体。下面我们将进入医生鄂吕克锡马柯的部分。在这里出现了一个阿里斯多潘打嗝的小插曲，这增加了会饮的生动性。另外，大家想想它还有没有什么寓意？这个问题我们一会儿再讨论。

> 于是鄂吕克锡马柯说："我看包萨尼亚的话开头很好，收尾却不很相称……"（186A）

这就是我所说的包萨尼亚颂词中的自我矛盾的特征。

> 所以我必须对他的话作一点补充。因为他说爱情有二重性，我看这样区分是妥当的；但是爱情激动人的灵魂不仅追求美少年，也追求许多别的东西，以及所有的其他事物，如一切动物的身体，一切在大地上生长的东西，总之一切存在物。这是我们从医学得出

的结论：爱神的威力伟大得不可思议，支配着全部神的事情和人的事情。（186A-B）

总之，医学就是关于身体的爱好的学问，研究如何培养、如何宣泄。医道高明的人就能区分美好的爱和恶劣的爱。要是一个医生善于促成转变，以这种爱代替那种爱，引起身体里面本应具有而尚未具有爱，消除其中本不应有而实际具有的爱，那他就是医中高手了。医生还必须懂得使本来在身体里相恶如仇的因素变成相亲相爱。最相恶如仇的就是那些互相对立的因素，如冷和热、苦和甜、干和湿之类。（186C-E）

正如前面是医术带来了身体的协调，这里则是音乐的艺术产生了另外一种和谐，因为它协调快慢的差异，产生出节奏来。所以音乐可以说是关于和谐和节奏方面的爱的学问。（187C）

在这里，爱的对象就被扩展到了一切事物之中去了，这不再仅仅是两个人的爱情。这为后来苏格拉底批评阿里斯多潘做了铺垫。一切事物之所以相爱，是因为和谐。这是古希腊人为我们呈现出来的又一个重要的视角。亚里士多德论"和谐"有两种含义：一是相合、相对的意思；二是指其中的比例。这个观点在前苏格拉底的毕达哥拉斯学派中特别受到重视，他们认为世界的本源是数，世界之所以是自然的、和谐的，就在于数之比例。古希腊人对于医学和音乐的追求最能体现出"和谐"这一点。中国的医学也很相似。中医学从"气"和"经络"上去探究人的身体，古希腊人是从体液上去探究身体、治疗身体。比如说唾液、血液、淋巴等等。他们认为人是体液和谐的生成物，所以就有冷、热、苦、甜、干、湿这些性状。如果这些相对立的性状和谐一致，就能得到健康。所以健康正是一种和谐。在下面的例子当中，他讲到音乐受比例影响的程度更深。竖琴的弦的长短、粗细形成一定比例，发出来的声就是和谐的音。音乐的和谐就是我们所能够欣赏到的音乐美。在毕达哥拉斯学派看来，天体也在做和谐的运动。由于质料的不同和运转速度不同，它们就形成各种不同的音调。当音调配合在一起的时候，整个天空响彻的就像交响乐。和谐的观念对古希腊人来讲是至关重要的，尤其是这里所说的体现在医学与音乐中。所以医生的策略就是把爱替换为和谐，在这个思路之下，一切生灵、元素、生命要素都具有爱的技巧，即和谐。

　　在和谐与节奏的组成上，我们固然不难看出爱的作用，却还看不出这二重性的爱；可是到了应用和谐与节奏于人生的时候，无论是创造曲调（就是所谓作曲），还是演奏已经制成的曲调（这需要好好调教），就都不是易事，需要高明的音乐大师了。在这里我们又要回到上面的结论，分别两个爱神。我们应该爱品

格端正的人，以及小有缺陷而肯努力上进的人；这才
是应该保持的爱情，才是那个美好的、天上的爱神，
才是天上仙女们的爱情。（187D-E）

医生并不否定爱神的二重性，而是对二重性加了一个
标注。在这里他说，在和谐这件事情上，我们不应该只爱
品德高尚的人，也应该去爱小有缺陷但也肯努力上进的人。
"肯努力上进"这一点也使得在二重性当中可能生发出和谐
来。所以，在这里他举了音乐大师的例子，例如我们学习
乐器，一开始并无所谓大师的水平，都是通过"上进"来
推动自己的。这就是说，一个人如果能从自身当中调解冲
突、创造和谐的话，他就趋近于一位音乐大师。

　　四季的推移也充满着这两种爱情。（188A）

大家如果从审美的角度去看待四季，就会发现事情确
实是这样。四季的推移本身就是一种和谐的运转。大树也
是一样，它在冬天的时候长粗，夏天的时候长高，这就好
像医学和音乐的节律。所以，鄂吕克锡马柯说把冷、热、
干、湿调和在一起就会风调雨顺，四季也无非这些要素。
正是在这个角度下，天文学、农业、医学、音乐等与人类
生活息息相关的活动都具有爱的秉性。他强调把爱提升到
"敬"的高度上去理解。当我们谈起山川大地、音乐绽出、
四季运转、身强体健的和谐，当我们谈起我们自身美好的

品德的和谐的时候，一种崇高的神性就在眼前了。所以关于爱的问题就变成了关于敬爱的问题。和谐的创造能力其实就是一种介于人与神之间的威力（power），使我们不断彼此友好相处，而且与高高在上的诸神维持着敬爱的关系——敬爱就由和谐所具有的神性呈现了出来。这是古希腊人的一种智慧。宇宙（κοσμος）这个词的原意就是和谐。

（鄂吕克锡马柯）：我的话就到此终结。也许我的颂词也有许多遗漏，可是这并非有意的。如果我有遗漏，阿里斯多潘，就请你填补。不过你颂扬爱神如果另有新意，就请随意发表，你已经不打嗝了。（188E）

（阿里斯多潘）：不错，我的打嗝是停止了，不过这是打了喷嚏之后才停的，所以我觉得很奇怪，为什么一定要经过那一番大声的、怪痒的喷嚏折腾，才能恢复身体的正常状态呢？你看，一打喷嚏，打嗝果然停止了。（189A）

在这里，阿里斯多潘打嗝是一个很重要的细节。医生为什么觉得阿里斯多潘的"非得打喷嚏才能治打嗝"的这个话是在开玩笑？为什么医生这么警觉呢？阿里斯多潘一开口说话，医生就觉得他带有讽刺的意味。因为医生认为爱是和谐，即通过他者或者通过相反的东西而使物体得到中和。比如通过药物我们得到健康的状态，所以一定是有什么东西来使得某些东西变成正常的。那么打喷嚏治疗打嗝也该是同样的道理。在这个形式中隐含着，阿里斯多潘以惹人笑的方式抓到了医生的说话要点，但似乎又隐含地说："治疗我自己身体的毛病并不需要你们医生，你看，我的打喷嚏就能治好我的打嗝。"阿里斯多潘是一位喜剧作家，在古希腊的喜剧诗人中他也最善于讽刺。喜剧是什么呢？这是个非常重要的话题，在打嗝这件事中也体现出来。真正有深度的惹人笑的东西，不是用世俗性的故事把人逗笑了，而是它恰恰讽刺到了人性当中的真与假中间的某个部分，让大家觉得事情原本如此，事情原本就不真不假，而这个"原本"却是可笑的。在阿里斯多潘所写的喜剧中，基本都是以讽刺的技巧讽刺当时的雅典人和雅典政治，让大家觉得我们原来就是生活在荒诞的想法、世界和环境中。真正的笑是对这个世界本身的发笑，不是对情节的发笑，这是阿里斯多潘写作的技巧。小丑的表演本身不是喜剧，荒诞的是小丑在表演当中使我们看到的这个世界滑稽和冷漠的部分。这里的打嗝或者打喷嚏是一件荒诞的事情，但为什么打喷嚏就能"治"打嗝呢？这就很有趣，当然，现实经验也就是这个样子。所以医生害怕阿里斯多潘在一开始说话的时候就讽刺自己，把自己当作一个喜剧的对象来处理。医生很警醒，但阿里斯多潘承诺说不会这样，他只是担心他自己说的话荒唐可笑——阿里斯多潘自己说的话也确实荒唐可笑，但是有其深刻性在其中。

五

阿里斯多潘正式开始发言。

> 因为他是一切神祇之中最爱护人类的，他援助人类，给人类医治一种疾病，治好了，人就能得到最高的幸福。我今天要做的，就是让你们明白爱神的威力。（189D）

阿里斯多潘陈词的基本论点就是：爱的伟大性就在于它能够医治人类的一种疾病，使人得到最高的幸福，这是一种威力。威力这个词的语气很重，就好像宙斯用霹雳一样。阿里斯多潘非常聪明，他的话接着医生的治病理论而来，但另起炉灶。这里是《会饮篇》中第一次把爱与神性真正合在一起讨论，前面几个人都忘了这一点。基于这个"神性"，我们才能说爱基于人类最高的幸福并能够为人类治病。

> 你们首先要领教的是人的本性以及他所经过的变迁。从前的人和现在不一样。从前的人本来分成三个性别，不像现在只有两个性别。（189D-E）

他从人的来源开始讲起，也就是从人的天性（nature）说起。这里的天性与威力必须相互配合。比如说燕子筑巢是燕子之为燕子的天性，蜘蛛结网也是蜘蛛之为蜘蛛的天性，也是它们作为自然生物的、具有它们使命的目的所在。人也有人的天性，人的天性也有他的自然的目的性，即在自然的威力中享有存在的合法性。

就是这样，从很古的时候起，人与人相爱的欲望就根植于人心，它要恢复原始的整一状态，把两个人合成一个，治好从前剖开的伤痛。

所以我们每人都是人的一半，是一种合起来才成为全体的东西。所以每个人都经常在寻求自己的另一半。（191C-D）

阿里斯多潘所讲的神话故事并不是他的原创。在原本的古希腊神话中，确有一个非常具有威力的神，他爱他自己，不尊重其他的神，只敬畏自己的威力，认为自己所拥有的力就是最大的强力，所以他对其他神如宙斯都不屑一顾，他是完整而自足的，这就是上文所说"阴阳人"（hermaphrodite）这个称呼。在中文翻译里这个词不好听，但是他却是古希腊神话中的众神之中的一种完整的存在。他有男女两性的特征，而这也是他的伟大性的标记。阿里斯多潘借用了古老的传说，引入了一个哲学问题，即：不论看似怎样无厘头的威力，其本性都会符合自身的目的，但当一个目的与他者的目的相冲突的时候，自身的完整就会濒于破裂。所以大家就有了敬不敬神的问题。正是基于这个问题，阿里斯多潘讲的故事里才会有宙斯把阴阳人从其内部劈开，这也是相当有喜剧意味的，有讽刺性的。

他描绘的这种最原初的人类长什么样子呢？就是把你的喉咙当成一个点，把你的肚脐当成一个点，然后把这两个点拉在一起而成的样子。而且，我们有四只脚，四只手，能向前，能向后，也就没有向前和向后。向前跑也是向后跑，所以跑起来特别快，像杂技演员翻跟头一样。然后把我们的头扭到后面去，同时还要再长出一个脸面——大致就是这个样子。所以只要把人的喉咙和肚脐连在一起，再长出成倍的四肢和头的双面就可以了。现在大家知道这个形象的具体的样子了。至于为什么说三个性别与太阳、大地和月亮相关呢？因为在希腊人的观念里面，大地、月亮和太阳都是圆球形的，所以长得像球形的原始人类也就是大地、月亮和太阳生出来的。

大家真的相信在最远古的时候有这三种性别吗？阿里斯多潘是用什么方法来讲这么一个荒诞的故事的呢？我们原本只有两性，而把这两性排列组合得出的最多类别数就是三种。所以他吊诡的地方就在于把我们本来的东西放在末端去考量，然后把在理智上可以得到的组合数放在根本上。荒诞之处就在于本末倒置，才编出这个故事——这是他的技巧和方法。

这一段讲的是爱因何发生，为爱给出了一个结构性特征。爱本身就是对于另一半的寻找，即爱的自然的目的是完成它的"对耦性"。找到完整的一半之后，就可以什么都不做了，而什么都不做的话会死掉的——宙斯想要得到的献祭也就没有了。因为宙斯想要献祭，就把人剖开，这样可以得到双倍的献祭。这也是具有喜剧意味的。如果人仅仅只是注重爱的话，什么都不用干，则与神性就没什么关系了。这也就意味着我们所说的繁殖、婚约、欲望、情感等等，全部都被置于爱作为一种威力，即自然的合目的性这个根本性条件之下了。在这里他讲我们对于爱的认知就是依靠原始本能去安排欲望、情感、繁殖力、爱情的原力之间的相互关系。这样的人与神形成的契约是外在的，也就是需要宙斯来对人提要求。阿里斯多潘的话看上去很可笑，但是包含的内容很丰富，也很深刻。真实而赤裸的东西就在那儿，表面上很滑稽，但又是严格的和严厉的。并非喜剧本身可笑，而是喜剧的手法和手段使真实变得可笑。

这一段话很重要，他说我们每个人都是完整的人的一半，这是阿里斯多潘的观点中的奠基性的东西，即对耦性。如若每个人只是完整人的一半，这就是分离状态，处在分离状态才会有爱的生成。苏格拉底与这个观点是针锋相对的，后面我们可以看到这一点。

在这种喜剧的外表之下隐藏着一种对于爱的情感的根源性体验。这两段读起来就像诗一样优美而深刻。其中有一句说，很显然这两个灵魂在盼望一种隐约感觉到但是说不出来的东西，用以把爱与灵魂匹配在一起。阿伽通其实也是以这一点为契机和根源发言，它开启了阿伽通陈词的立场和角度，灵魂可诉说的高贵的品质就是爱本身所具有的伟大的高贵的品质，而我们很难用语言去把这完整性说出来。

我们在阿里斯多潘这两段话中找到了一种关于爱的真实的态度，即每个人都需要他的另一半，但这是这个故事中外在的神造成的，对于灵魂与灵魂之间的有益的交流所谈甚少。爱与灵魂的匹配也是一种不可言说的威力，但这个论点却要在后面阿伽通和苏格拉底的观点中呈现了，也就是说，爱本身具有的神性特征究竟是什么，阿里斯多潘并没有讲。所以前面喜剧性的部分只不过是一个引子，或者一个话头。尽管他把两性还原为三性，但是真正所关注的还是现实生活中的事。这里所描述的就是人的现实的本性和变迁。为什么爱这件事情更体现了人之为人的本性的规定性呢？就是因为在它之中所具有的是对于人的整体感的希冀和追求，而这种对于人的整体感的希冀和追求就被叫作"爱"。所以在对耦性的"分"的意义上蕴含着一个整体观念。而这个整体的观念就是我们对爱的回溯。大家可以发现，阿里斯多潘的喜剧性的发言其实是"回溯"，而不像阿伽通和苏格拉底那样，直面"爱是什么"这个问题，回溯的曲折性造成了它的喜剧性。究竟现实中的人类，即分开的人类更原本，还是以前的、完整的人更原始？阿里斯多潘主张我们通过爱"回到""本性"去。其实，世间万物都可以被当作另一半去追求，不止人希冀人，人追求人，苏格拉底的另一半就是哲学。苏格拉底是哲学史上自称"哲学家"（philosopher）的人。有他这样一类人，他们对知识具有爱，使得他们能和知识成为一个整体。哲学家的关键不在于他是否具有身体的配偶，而在于他与哲学是否能够形成一个整体。我们所说的爱智慧就是通过对哲学之爱而变成一个完整的智慧的人的过程。

在这个意义上，大家想一想你自己想还原为一个整体性存在的时候所需要的东西是什么？这关乎我们的天性。每个人如果都通过爱还原或回溯到了自己的本然面目，也可以说是一种幸福。"治病"就是把我们的这种分离病给治好了，所以阿里斯多潘说它是一种关联于人本来面目的威力。我们可以推论幸福就是追求完整，但又要设定其本身并非完整，所以在阿里斯多潘看来追求幸福就像治病。那么有没有天生就健康的幸福呢？他的这个体系看似非常圆融和饱满，但又不那么确凿无疑。他说我们一定要敬神，指的是外在的神。而大家知道，在柏拉图的《申辩篇》的记载中提到，苏格拉底说他心中一直响着神的声音，让他去思辨城邦正义，那个所谓的神就不是阿里斯多潘所说的需要敬仰的外在的神，而是哲学家内心的声音。其实，按照阿里斯多潘的说法，所谓敬神就是敬爱的一种外在的威力，如果不敬的话就再次被劈成两半，走路就像浮雕上的人一样，这又是一种讽刺。

我请大家思考一个问题：这样一个结构精致、含义深刻的戏剧作品，是不是阿里斯多潘写的呢？我从一开始就跟大家讲，这篇对话的作者是柏拉图。那么，我们就要找在阿里斯多潘的话里，柏拉图究竟在哪？或者你也可以说，柏拉图在任何一位演讲者的陈词中。但是，我们前面看到了，每一个人的陈词都是对前面那个人陈词的批评或者挪揄式的澄清，所以，写这么多篇陈词，究竟是要干什么呢？我觉得这个提问才会帮助我们找到柏拉图。作为一个"哲学家"的柏拉图，不管从逻辑上的清晰性，还是从语言的丰富度来讲，他的思辨都是一等一的。大家在读这篇作品的时候，好像身临其境，心思也会跟着其中观点的变化而变化，但当变化的时候，你要问自己为什么会产生变化。这是柏拉图或者是哲学所展现出来的魅力。柏拉图年轻的时候（柏拉图不是人名，而是他的外号。因为他的身材特别的壮硕，尤其他额头宽阔，因为额头宽阔而被起外号叫柏拉图，类似我们说他是个"大脑门"的意思）一直在纠结于从事哲学还是文学，等苏格拉底被判死刑之后，他就毅然而然地决定从事哲学。（哲学与文学之间的关系和深刻度，在我们所读阿里斯多潘的话里，大家可以自行比较）。

六

下面就学习阿伽通的陈词，我们直接从他的话开始。

> 以前说话的几位都不是颂扬神灵，而是称颂人类从神那里得来的幸福，至于那位给人类造福的神本身是什么，谁也没有说到。（194E）

这句就说明了连阿里斯多潘所讨论的神都是外在的，

没有说到神性本身。那么，阿伽通要颂扬的是什么？我们可以发现，前面的颂词都是从人如何获得爱，或者是人如何从爱当中获得幸福这个角度切入的。《会饮篇》一开始，裴卓就说我们来颂扬爱神，而只有到阿里斯多潘开始讲的时候，才把爱的幸福与神性的问题关联起来。大家可以发现，阿伽通的这个颂词文本是高尔吉亚式的文体，所包含的内容看上去很简洁，也很平铺直叙，但在整个文本中想展现出来的是一种凸显文藻之美的修辞技巧。所以，他说的话虽然没有过多的深刻的哲学性的内容，比之阿里斯多潘还不及，但是辞藻本身之美亦如神性之美一般。我们可以借此去考量希腊人关于神性的思考，或者哪些美好的东西在他们看来是神性，以及为什么这些东西是神性。所以，我们现在的主要问题就是：什么是神性。

> 裴卓说的话大部分我都同意，只是他以为爱神要比格若诺和雅贝多更老，我不敢苟肯。我的看法正相反，认为他在诸神中间最年轻，而且永远年轻。至于赫西俄德和巴门尼德转述的古代诸神纷争，如果是真的，那也应该是定命神造成的，与爱神无关。因为如果当时诸神中间已经有爱神，就不会有那些互相残杀、囚禁等等残暴的行为，就会只有彼此相爱、友好，如同现在由爱神统率诸神以来的情况了。（195B-C）

在这一段中，他提到了赫西俄德与巴门尼德所讲的必然性这个概念，由此可以看出，阿伽通这位年轻的悲剧作家对哲学本身或对哲学话语也是熟悉的。然而，他并不热衷于此，他所热衷的是文体上的美感。因此，我们在这里首先关注他的身份和立足点。其次，他在这一段中讲到了神性的第一个美好的特征，这第一个特征应该是年轻。阿伽通说得很清楚："他（爱神）遇到老的就飞快地躲开；老本身就来得够快，快到我们很不乐意。"（195B）——那么，年轻为什么是好的？或者说年轻是不是一种神性呢？这个问题该如何回答呢？——苏格拉底曾经提到一个问题：老年人和年轻人谁学习哲学更合适呢？答案是年轻人。（这是在柏拉图的《高尔吉亚篇》写到的。）也许，大家会觉得，因为哲学是一种智慧，而人到了老年，智慧会更加成熟，掌握起来会更加容易，应用起来也更加得心应手。但是，老年缺失的是一种可塑性。因为太老，即便懂得再多，也没有办法重新塑造未来的前程，而年轻意味着一种自我提升的可能性。对自己的年华如果有足够的珍重，就意味着对自己是尊重的：人的自尊就是在年轻时培养出来的。也就是说，年轻并不意味着别的，而是在于我们能够得到塑造自己的机会。所以，可以说年轻人的时间才具有神性。

爱神不但用脚而且用全身盘踞在最柔软的东西的最柔软的部分，可见他本身就非常柔软，这是必然的。（195E）

为什么柔软、柔和也是神性呢？因为强大是不永恒的。这与我们的常识恰好相反。大家可以想一下，那些天性较柔和的东西，都比较娇贵一些。在康德对壮丽与柔美这两种审美情感的描述中，壮美感不可以通过人在现实世界中的占有来获得，只能被自己的思想或想象捕捉。比如，我们不能够通过对于山川大地的拥有来触及它们的壮美。而我们如果在路边看到一朵娇嫩的花，却可以拥抱它。柔和的美与我们的身体、心灵有一种亲近感。所以，柔美本身就是一种尊贵的东西。柔软的花包含着自身的娇嫩与尊贵，我们会觉得它美。人也一样，柔和的人容易亲近；刚烈的人有时候却不太好打交道。从这个角度看，对柔美的尊重也就意味着对人生经验的一种亲近感的尊重。我们看到，在讲到心灵和灵魂的时候，阿里斯多潘把灵魂和爱的属性并列起来。但是，阿伽通不同意这种并列关系，却说爱的属性本身就是寄居于灵魂中的——这就是灵魂的柔软。他说荷马曾描述一位神灵行走在脑壳中，但脑壳不是柔和的东西，在他看来，思想如果是硬核的知识或理论就并不是柔软的，思想要从思想变成可经验的东西，要把思想柔和化，人才能谈论他的灵魂。我们要在学习过程当中逐渐体会这件事情。柏拉图、亚里士多德，乃至康德再怎么伟大，也一定离不开由人的灵魂所生发出来的一种柔和的观照。如果我们总是把他们当作仰望的山脉而攀登，却不把他们的天地融入到自己的经验当中，那么我们就永远也学不到哲学家的思想的精粹。所以，柔软也是一种神性，也是一种可贵的东西。

> 一个身体、一个灵魂或者别的什么里面，如果没
> 有开花，或者花已经谢了，爱神是不肯栖身的；他栖
> 身的地方一定是花艳香浓的。（196B）

302

在这里他把爱的神性的美完全通过感官重映出来了。
花朵盛开之处就是神性所寓居的世界所在。所以，刚柔并
济并不是说我们要把脸板起来，而是说要有韧性。韧性强
就意味着长久地寓居于花朵的娇艳之中。所以，我们人的
身体的绽放也应当如爱的神性寓居的居所一样。神性或者
爱神喜欢寓居于花香馥郁、颜色艳美的地方。大家想一想，
什么是花香馥郁、颜色艳美呢？人在身体洁净的过程当中
能否"寓居"于这些东西呢？其实这就是具有神性的一个
象征。在这里，不仅仅是对自己的尊重，对灵魂的尊重，
更是对万事万物的尊重，对于万有的灵魂的尊重。所以，
它就是一种神性。这是从自然的角度来讲的。

> 爱神不仅公正，而且审慎。大家公认审慎是节制
> 快感和情欲的力量。世界上没有一种快感比爱情本身
> 还要强烈。一切快感都比不上爱情，就是因为它们都
> 受爱神节制，而爱神是它们的统治者。（196C）

我们知道古希腊以正义、智慧、勇敢、节制为四美德

（出自柏拉图的《理想国》）。在这里，阿伽通提到了对于古希腊人来说非常重要的一点。亚里士多德也正是通过"审慎"完成了对人的德行的奠基性的塑造。《论语·泰伯》中说"如临深渊，如履薄冰"。这就是说，做什么事情都可以小心翼翼，因为心思细腻得就像长了翅膀一样。所以，神性不仅有慎重的意思，还有清明的意思，有凌空飞跃的意思。这是一种在深渊面前的庄静感，在薄冰上随时唤醒自己的清明感。所以，阿伽通说爱神的神性是审慎的，这很符合古希腊人关于美德的讨论。所以，审慎不是说做什么事情都要反省、认真，而是说要时时刻刻地提醒自己要有一种清明的感受。从这个层面，世人说"终日乾乾，夕惕若厉"，只有在这个意义上才能产生出神圣感。

> 制服者总比被制服者强。（196D）

柔弱胜刚强。阿伽通举了个例子，战神阿瑞是阿莆若狄德的丈夫，他是刚强之徒，然而他也会陶醉，拜倒在阿莆若狄德的美和爱之下——战神都被爱神所制服。在这个例子里我们可以看到一个三段论的论证：制服者总比被制服者强，因为战神是被制服者，爱神是制服者，所以爱神比战神强。通过这样一个思想上的逻辑就可以得出爱神比战神勇敢的结论。

一切诗人之所以成为诗人，都是由于受到爱神的

启发。（196E）

这里有一个关键的地方，即古希腊人对诗和技艺的看法。诗也属于技艺的一种，在古希腊文中本意是创造、创制的意思。被创造出来的东西如果具有了形式就可以表现出美。如果它是具有爱的，那么它就是诗。所有像诗一样

被创造出来的技艺，在古希腊人看来都是具有神性的。所以，他们的生活从诗性上讲，或者从技艺、音乐的角度上讲，都是具有神性的。我们说古希腊是人神共居的一个世界，而这个共居可以被理解为：他们所作的诗就是对"是"的纯粹性的提炼，也都是富有神性的，例如巴门尼德。这一点也可以从"技艺"这个词上看出来。阿伽通说他的技艺是作诗，那么在他的作品中就居住着神，或者说爱神。虽然每一个神都有自己的技艺，比如，火神拥有冶炼的技艺，宙斯具有管理或统治的技艺，但这些神也屈从于神性本身，这是一种很伟大的论证关系，阿伽通在讲完神的神性以后，所作的是一个具有总结性的，并且像乐章一样华美的颂词。所以，我们看阿伽通的颂词，要看它的文学性。——但同时，我们也应该思考：在古希腊人看来神性到底是什么？是年轻、是柔软、是审慎、是诗性。其实就是大家现在这个年华所该具有的样子。

七

从结构上看，接下来的一小部分大致分为三个部分。

刚开始，苏格拉底和阿伽通进行问答式的辩证对话。接下来是苏格拉底对于他与狄欧蒂玛关于爱神的对话的复述。对话的角色在这里被转化，即说话的不是苏格拉底，而变成了狄欧蒂玛，从而进入了关键性的论证，即苏格拉底对爱的说明。到了第三部分的时候，连苏格拉底都从对话中消失了，变成了狄欧蒂玛一个人对于整个对话的总结。不过，苏格拉底是引述者，他所引述的关于爱的观点虽然说可能来自狄欧蒂玛——也许是为了增强观点的权威性，但二人的看法是一致的，苏格拉底是完全信服女祭司的，关于爱的论述，他们的话语已经难分彼此了。

> 亲爱的阿伽通，我觉得你的颂辞开头说得很好。你说首先必须说明爱神是什么，然后陈述他的功劳，我觉得这个开头说得很对。你既然把有关爱神的事说得非常美好、非常崇高，我还想请问你一句：爱神之为爱神，是爱某某人呢，还是不爱任何人？（199C）

爱某某人就意味着爱是一种关系，这是苏格拉底的前提。所以，他举了父与子的例子。"儿子"一词本身就意味着父亲和母亲，他是由父亲母亲而来的。在此苏格拉底对于阿伽通的一个批评就在于：阿伽通把爱当成一个单纯的话题来进行讨论，从而使其与美好的东西相关联。但爱其实是一种关系，在这个关系的设定中它就不能被当成一个单一的话题去处理了。就好像曹同学是曹同学，但是你认识他的时候他一定是某某人的儿子，是某某人的同学，是某院某系的学生。只有在这个关系当中才能够确定他是谁，要不然这个名字就没有了意义。所以，他在这里就对爱的讨论重新设定了前提，而这个前提的设定可以说是在批评阿伽通，也可以说是在批评前面读到的喜剧作家阿里斯多潘。

> 请你牢记这一点，牢记爱神是对某某的爱。(200A)

苏格拉底通过问答逼迫阿伽通承认爱神"必定"而不是"大概"是对某某的爱。为什么要强调这个"当然"或者"必定"呢？我们所爱的东西包含在什么当中就变成了必定呢？这里就要求下定义。——包含在爱的定义当中的就是必定的东西。也就是说，爱一定是爱你所希求或企盼的那个东西，这个因素本身包含在爱的定义当中，即是说从关系的角度探讨爱所具有的形式。在哲学史上，下定义的方法就是从苏格拉底式的对话当中逐渐获得端倪并被确定下来的，所以在这里说"必定"也就意味着你应该认同这就是爱的定义。

> 你想，一个人盼望一样东西，是不是必定还没有那样东西，有了它是不是必定不再盼望它了？我看这是确定不移的。(200A-B)

苏格拉底说爱是我们盼望的东西，而这个被盼望的东西必须放在时间的维度当中才有其可能，而且这个时间的维度须是现在或者将来。这与之前讲的阿里斯多潘的论证的差异在于：阿里斯多潘说爱是希求完整，这个跨度是从前世到今生，而且今生也不一定能够完成，它的根源指向过去。苏格拉底在讲爱是盼望的时候虽然也证明爱有其缺乏的一面，但这与阿里斯多潘的说法相比，还是有差别的。因为我们所盼望的东西一定是现在或者将来的东西，这就意味着它一定能够被完成。阿里斯多潘的论证包含的一个隐在条件是这个目的未必能够被完成。所以他说拥有爱的人是极少数的，找到自己完整的那一半的人也是极少数的。

> 所以总起来说，在这种和其他情况下，一个盼望的人所盼望的是他缺少的、还没有到手的，总之是他所没有的，是本身不存在的，不在他那里的；只有这样的东西才是他所盼望的、他所爱的。（200E）

苏格拉底对于爱的两重定义很清晰。爱一定是有对象的。当然，这个被爱的对象不一定是具体的人或物。但是，就算是无或者是缺乏，也包含在这个对象性之中。这一点其实是承认了阿里斯多潘的部分观点。继而在后来，大家会看到苏格拉底对阿里斯多潘的观点进行了进一步的修正和批驳。这里主要批判的是阿伽通的观点：爱神首先是对某某东西的爱，其次是对它所欠缺的东西的爱，这两点就把爱的定义放在了可说的维度中。

> （苏格拉底）：爱神既然缺乏美的东西，而好的东西也是美的，那他也缺乏好的东西咯！

> （阿伽通）：苏格拉底啊，我没有办法驳斥你，就承认你的说法吧。

> （苏格拉底）：亲爱的阿伽通啊，你不能驳斥的是真理，驳斥苏格拉底并不是难事。（201C）

我们一定会认为自己所追求的对象是美的或者是好的。所以，爱就是对于美好的东西的希求。这是不是就意味着追求美好的东西也就意味着缺乏美好呢？缺乏美好就一定是丑吗？当然不一定。财富的多少是没有上限的，健康的状况也没有极值——但它们在程度上是有差别的。被当作美好而去看待的差别本身也是值得追求的。我们在追求某物的时候也一定同时缺乏着它。有可能你已经有了所追求之物的雏形，但是相对于你所追求的完满度而言，这仍然有待被完形。所以并不是说追求财富的人就是贫困的，追求美的人就是丑的。这里的问题是：当我们设定差异或者程度的时候不存在一个最大值的情况。那么，什么是自足或者自明性？在这个问题上，苏格拉底和阿里斯多潘形成了很大的分歧。到这里，苏格拉底对阿伽通的批驳已经说清了。阿伽通只不过是根据希腊人关于神性的理解对爱进行了美好的描述。但是他没有考虑到这个神性恰恰是人所缺乏的。所以按照苏格拉底，我们应是在缺乏中去谈论神性。从这个思路来看，爱并不是被我们所拥有的。苏格拉底同样谈论爱的起源。大家知道在所有的颂词当中，只有阿里斯多潘谈论过爱的起源。下面苏格拉底同样要给出一个关于爱的起源的说法，在这个起源形成了与阿里斯多潘关于对耦性问题的论证的差异。

大家知道，柏拉图的学说中就有一种关于学习的理论，叫作回忆说。回忆说的意思是知识先天地潜在于我们的认知能力当中，但是我们在还没有接触它的时候还不能回忆起它。例如，大多数人在没有完成学习的时候说不出所以然来，但在学习了一系列的技术或者是论证的根据之后就能很轻松随意地用起来了，做数学题的过程就是一个明证。这也证明这些知识其实先天性地潜在于我们的记忆当中，只不过我们在日常生活中把它丢掉了，使它被遮蔽了。所以在绝大多数的情况下并不存在一个智慧与无知的对立。我们常常处在智慧与无知之间的一个中间态上，而这个中间态就是所谓的学习的起源。而如果我们把爱作为一种行动实施出来，这就一定基于一种中间态才有可能。因为我们要追求美好，而我们又并非丑陋，这就是一个中间态。所以他先论证出了我们在爱的这个事情上的本然的状态。这与阿里斯多潘的论证就不同，苏格拉底在论证中把爱作为一种先天状态，也就是说这与分离所造成的不完满没有任何关系。爱的根本形式在阿里斯多潘那里是纯粹意义上的缺乏，而苏格拉底要论证的是从起源上来看或者从中间态这个意义上去看，爱本身是自足而非绝对的缺乏。

　　我现在放开你，谈一谈我从前从一位曼底内亚女人狄欧蒂玛那里听来的关于爱神的一番话。她对爱的问题，以及对许多别的问题，都有真知灼见。就是她，从前劝过雅典人祭神攘①疫，使那次瘟疫推迟了十年；也就是她，传授给我许多关于爱的道理。她所说那些话，我要向你们转述，按照我和阿伽通达成协议的次序，努力做到如实托出；只不过没有她在场，由我一个人来说出对话的情况。（201D）

　　于是乎，狄欧蒂玛开始进场。狄欧蒂玛是《会饮篇》唯一的女性角色，也是全部柏拉图对话中少见的女性之一。

　　（苏格拉底）：既然如此，爱神又是什么呢？是会死的凡夫吗？

　　（狄欧蒂玛）：绝不是。

　　（苏格拉底）：那么是什么呢？

　　（狄欧蒂玛）：像前面说的那样，是介乎会死的人和不死的神之间的东西。

　　（苏格拉底）：那是什么，狄欧蒂玛？

　　（狄欧蒂玛）：是一个大精灵，苏格拉底。因为精

---

① 原书如此，应是"禳"字。

灵是介于神和凡人之间的。（202D）

精灵作为一种灵性的介质，兼有神性和人性。比如说在基督教的教义当中，圣灵就是圣父与圣子之间的灵性沟通的媒介。这就好像我在这里说话的声音传到你的耳朵当中，我的声音本身有一个发声的机制，耳朵在接收声音的时候也同样有一个机制，空气就类似介于我说和你听之间的媒介。所以在沟通的交互理解性上，我说出来的话也是你听到的话，你听到的话也是我说出来的话。苏格拉底说我们只有在一个中间态上才可以去说对于爱的追求，关于爱的交流既属神又属人，即它既有神性的一面，又包含着人对它的追求。这样一来，大家就可以发现其他所有人在谈爱的时候都没有把爱当成一种真正可以实施的东西去看待，只不过是在描述它而已。苏格拉底真正要讨论的就是：爱的这种实施过程或者去爱这件事本身是怎么能够发生的。这是从爱的本质或者从定义上去谈论爱是什么。"是什么"这一点是十分重要的。大家知道狄欧蒂玛的职业是什么吗？祭司与预言家。这个两重区分对于下面的论证同样非常重要。因为通晓这些法门的人就是接受精灵感召的人，通晓其他技术的人则是普通人。所以普通人去爱的方式与对整体性能够进行观照的人去爱的方式出现了层次上的区分。爱的维度的区分在这里就已经初露端倪了。下面是一个神话故事，也讲得非常好。

当初阿莆若狄德诞生的时候，诸神举行宴会，出席的有智谋女神梅蒂的儿子丰饶神波若。他们宴饮结束时，匮乏神贝尼娅来向他们作节日例行的行乞，站在门口。波若多喝了几杯琼浆（因为那时还没有酒），就走进宙斯的花园，昏昏沉沉地睡着了。贝尼娅由于贫乏，很想和波若生个孩子，于是和他睡在一起，怀下了爱若。爱若也成了阿莆若狄德的随从和仆人，因为他是在阿莆若狄德的生日投的胎，生性爱美的东西，而阿莆若狄德是很美的。

由于是丰饶神和匮乏神的儿子，爱神处在这样的境遇中：首先，他是永远贫乏的，人们总以为他文雅美好，其实远非如此。（203B-C）

我前面说过，这个故事很可能没有历史记载，当时的人们都没听说过，或许就是苏格拉底在这里的杜撰。可是这是对于爱若的身世的说明，像阿里斯多潘一样，他在说爱的来源。阿里斯多潘对此的说明只有两重性，一是神性，一是凡性。爱发生在神性与凡性二者相割离的状态之下，只有在神性使凡性彻底地变成凡性之后，也就是凡性不再具有神性的时候，我们才会追求这个爱。苏格拉底在这里重新给出了一个故事。阿里斯多潘在定义爱的时候是从人与神的割离状态中找到一个条件去弥补它，说爱是由此而产生的。苏格拉底的论证技巧是说爱本身是什么。因为爱本身是丰饶与贫乏的合体，所以它也是一个中间状态，也就是自足与缺乏的一个合体。只有在这两者相合的意义上我们最后才能达到一种自足性。如果就像阿里斯多潘所说的那样，把它们完全割裂开来并纯粹以缺乏来进行论证，最后的结论就是很少能有人通过爱而获得自足。其实，爱本身是既贫乏又丰饶。

大家想一下自己恋爱的过程，寻求一个所爱对象是因为贫乏，但并不是每一次都是自足的恋爱。只有在不断的试错当中才能找到最后的答案。而你在这个试错过程中却总是会有希望升起，正如苏格拉底所说，情况合适时又立刻重新活跃起来。这是爱若从父亲的本性那里得来的力量。所以爱的动机也包含在爱的过程当中。在阿里斯多潘的论证中，爱是一种激情，是对于完整性的渴求的欲望，而绝对的贫乏和分离只能对应欲望。但是，自足就对应很多东西。爱之所以成为一种动机，也是由自足而来的，欲望永远都满足不了的东西，自足可以去承载。苏格拉底在这个路径之上进行调整与批判。前面所论证的是爱在丰饶与贫乏之间，下面论证的是爱在智慧与无知之间，这是两个不同的维度，但路径一致。

> 他也总是处在智慧与无知之间。情形是这样：所有的神都不从事爱智的活动，并不盼望自己智慧起来，因为他们是智慧的，已经智慧的就不去从事爱智慧的活动了。无知之徒也不从事爱智慧的活动，并不盼望自己智慧起来。因为无知的毛病正在于尽管自己不美、

不好、不明白道理，却以为自己已经够了。不以为自己有什么欠缺的人就不去盼望自己以为欠缺的东西了。（204A）

现在要证明我们的"哲学"（爱智之学）也是一个中间状态，而我们的才智大概在一个中上的状态下就可以去追寻智慧。康德说过人性当中最根本的恶有三种：第一是无知，第二是懒惰，第三是脆弱。这些毛病凡人皆有，但是你一旦有一种希求或者说一种爱的能力，就可以克服这些毛病。我们可以从无知的状态中走出来去追问智慧是什么，所以苏格拉底在这里说不追寻智慧只有两种情况，一是类似于神，因为他们本身就是智慧；另外就是无知，自己不好也不美，却以为自己已经够了，这就是无知。后者并不是"自足"，我们理解的"自足"是一个基于中间状态而来的追求的过程，而不是无知的"满足"。

因为智慧属于最美的东西，而爱神是爱美的东西的，所以爱神必定是爱智慧的，他作为爱智者介乎有智慧者和无知之徒之间。他的这种性格也还是由于他的出身，因为他的父亲是智慧的、富足的，他的母亲是不智慧的、贫穷的。亲爱的苏格拉底啊，这个精灵的本相就是如此。（204B-C）

"本相"在这里的注解是 idea，这就是柏拉图所讲的

"理念"。当然本相这个词是更好的，因为我们在讲理念的时候好像把它等同于一些我们能思维的东西。但是本相是一种能够自足且自立的东西，所以她说精灵的本相即是如此，而爱哲学或者是爱智慧就是对于本相的一种追求。可以将之定义为一种柏拉图主义，柏拉图主义即是讲我们对于本相的一种追求而带来智慧，对于理念世界的爱或者向往，这就是我们的智慧活动本身。

> 他使好的东西归自己所有又怎么样呢？（204D）

关于本相，首先要问"是什么"（what）的问题，问"爱是什么？"爱是精灵，是中间状态。其次要问的是"它怎样"（how）的问题，就是问如何得到。当我们凡人问：为什么要用爱的力量去追求你希求的那个东西呢？一般来说是为了幸福。但这个答案一经给出就已经到头了，爱的力量也就到头了，因为它已经变成了一个自足的代名词，幸福就变成一种万金油了。狄欧蒂玛的话却给出了非常尖刻的批评。问题在于：这是不是真正的幸福呢？或者说，归自己所有的幸福这个目的被完成之后又剩下什么呢？

> 因为我们是把某一个类型的爱提出来加上共同的名称，称之为爱，而用别的名称来称呼别的爱。（205B）

前面都是泛泛地论证"是什么"的问题，即问爱的本相如何。但是在如何获得它以及获得之后"怎样做"的问题上，爱就区分出类型的差异和层次了。有一个共名的"爱"，也就是有一个"爱的本相"，它更加完美，超乎一切殊相。当然这种柏拉图主义会导致"无穷后退"的理论困难。感兴趣的同学可以阅读《巴门尼德篇》和《智者篇》，看看晚期的柏拉图是怎样处理这个疑难的。

> 你知道作品就有许多方面的，凡是使某某东西从无到有的活动都是做或创作，因此一切技艺的实施都是创作，所有的师傅都是作家。（205C）

我再次提醒一下大家，这里的创作可以是指诗、像诗一样的作品。诗人在古希腊人看来是高尚的手工艺者，因此，诗人的作品是高贵的作品，也是高贵的创制。所以，我前面说创造就是诗。我们把对"形式"的考量加入到创造当中，就可以把它翻译成"创制"。创作或创制的本相，是否包含在诗作当中呢？是怎样被包含的呢？——大家可以去思考这个问题。

> 有一种说法，认为那些寻求自己另外一半的人在恋爱。我们说法则不然，认为爱所奔赴的既不是一半，也不是全体，除非它是好的。因为人们宁愿砍掉自己的手和脚，如果觉得它们是坏的、有危险性的话。我以为人所爱的并不是属于自己的东西，除非他把好的

都看成属于他自己的，把坏的都看成不属于他自己的。
所以人所爱的只是好的。(205D-E)

这里直接批评了阿里斯多潘的观点，即爱就是奔赴另
一半。苏格拉底批评说如果他们本身是坏的，人们宁愿砍
掉自己的手和脚。苏格拉底认为自足绝不依靠外力而成就，
自足直指自身，自身希求的美好。也就是说，我在追求好
的东西的过程中的动机、意愿本身就会是好的，而这个
"好的"毋宁说是"完美的"，类似于"本相"，是超离于
自身，却被包含在自足的追求中的东西。钟爱者自身包含
着好或者说是美的。大家想一想，人们为什么会写诗？是
不是要在诗中表达意愿的美和好？或者自身意愿融合到这
个世界的美和好之中？或者，人们为什么要求知？为什么
需要真与善？我之所爱好的东西是因为我爱好这东西，而
爱本身作为动机来讲就证明它自身当中包含着好。所以爱
的动机本身就是好的，也就是说，爱包含着善的本相。为
什么要补充这一点？大家知道，单纯以爱之名也可以为恶，
这样的事在人类社会也屡见不鲜，但那不是真正的爱，唯
有善意维护的爱才能实现出爱。所以《会饮篇》的这个论
证角度对于"爱是什么"而言还是非常关键的。

总起来说，爱所向往的是自己会永远拥有好的东
西。(206A)

爱这种活动本身就包含好，这一点是对爱的定义的扩展。只要我们希求永远去占有好的东西，这样的活动本身就是爱了。苏格拉底前面说爱就是企盼我们所缺乏的东西，这个时候，定义被修正为：爱是企盼着的中间态里的自身的好。由于论证中加入了任何人都不缺乏这一前提，所以自足就有了一种驱动力，要使它成为一个活动而不是单纯作为一个目的。在阿里斯多潘那里，完整性是被设定为一个目的而去看待的，是一个外在要求，而苏格拉底所谓的自足性具备了内在动力。我因为好而去追求好，这个自足性活动就不是外在的，而是内在的一种根本的可能性了。这就是苏格拉底所认为的"爱"。

> 这活动就是在美的东西里面生育，所凭借的美物可以是身体，也可以是灵魂。（206B）

在这里，大家可以看到爱并不是以美的东西为目的，它本身就是从美当中进行生育。这生育可以与欲望进行对比。阿里斯多潘说因此那充满生的种子的欲望一遇到某个对象就欣喜若狂，是基于身体说的，所以他说爱本身是因由欲望。但是苏格拉底说，爱是一种生育，是美之于美的繁衍、创制。在诗与作品的意义上才存在爱，针对灵魂而言。苏格拉底认为欲望要遇见美的形式之后才能够欣喜若狂，而欲望见到美之后所形成的活动是生育。这是与前面阿里斯多潘观点的对峙。

（狄欧蒂玛）：苏格拉底啊，爱并不是以美的东西为目的的，像你设想的那样。

（苏格拉底）：那是为了什么目的呢？

（狄欧蒂玛）：其目的在于在美的东西里面生育繁衍。（206E）

如果生育活动是爱的体现，这里所论证的生育活动就不限于身体，还有灵魂。这是美的形式或者说美本身创造出美的本相的活动。定义在这时候又发生了一个微弱的调整，也就是说爱不再是单纯欲求美，爱也通过生育这种活动去欲求不朽。从这里我们能看出为什么苏格拉底并不爱美少年（哪怕阿尔基弼亚德热烈地追求他），因为他的爱并不以美为目的，也不以美的身体为目的，而是在自足的基础上生出对于不朽的追求，在他来看，哲学要比年轻和美貌更美、更长久。所以，他与前面所有人的最大的差异就在这里，其他所有人都认为爱的最基本的形式是对于美和好的欲求，而苏格拉底认为爱的基本形式就是不朽，是对本相的爱，爱就是生育本身。

那些灵魂的生育能力不亚于肉体的，则孕育并且愿意孕育那些宜于灵魂孕育的东西。这是什么呢？是明智之类的品德。生育这些品德的是一切诗人，以及一切技艺师傅。（209A）

这里出现了古希腊伦理学中最为关键的概念之一，翻译为明智。当然，也可以翻译为实践智慧。所有东西都是有死的，但是在繁衍生息中会达到永恒和不朽。而这种永恒性或不朽性在人身上的体现就是他所拥有的实践的智慧。只要有选择就会有善恶出现，而当你对于自己所处的所有境况有一种整体性观照，知道这个整体是什么，知道自己在这个整体当中所处的位置，知道自己选择的动机，也知道在这个动机当中包含的至善是什么的时候，所有的智慧就都凝聚在我们所说的明智当中了，就是对于整体善的完整的观照。所谓选择，就是抉破、挑明这种实践性的观照的关键、枢机。这样一来，不朽，作为整体的善，就寓居于一个现实的客体中并体现为明智。这里又给出了进一步的剖析，就是说当我们说不朽的时候并不是在妄谈永生，而是指身体或者是灵魂达到了一种明智的状态，它肯定与哲学不可分离。

那从幼年就在灵魂中孕育着这些品德的人是近于神明的，到了一定年龄就有繁殖、生育的欲望。这时候，我想，这样的人也要四处寻访，找个可以在其中生育的美的对象，因为他绝不会在丑的对象里生育的。因此他喜欢美丽的身体，不爱丑陋的身体，这是由于他愿意生育的缘故；当他同时遇到一个既美又高尚又优秀的灵魂时，他就会对这个身心俱佳的对象五体投地地喜爱，他会和这样一个人大谈其品德，谈一个杰

出的好人应该怎么样，要向什么方向努力，从而对他进行教导。（209B）

有些人对于血缘关系看得淡薄，他们会把自己的老师称为父。正如狄欧蒂玛这里所说，当遇见一个身心俱佳的对象，他便五体投地地去喜爱。在老师与学生之间能产生出更美而不朽的对象，创制作品的人在创造着不朽。当然，诗作相对来说还是私人化的。与此相对，我们的哲学经典就需要在传承中学习，因袭传统是学习哲学作品的一个特点。对于古典哲学而言，经典总需要延续——"经"和"传"是连在一起的，而"传"就是指能够像父亲一样一辈一辈地传授，在这意义上不朽的繁殖或生育就完全会变成智慧的自足。如果从个体性的"缺乏"这个角度出发来谈自足，关键在于占有的事情会让我们获得幸福，但这个维度太狭隘了。如果把自足升华为对智慧本身的追求和因袭的话，就会有像这里苏格拉底所说的不朽的维度，即创造和生育在一代又一代的人身上获得了完整性。不朽的维度是智慧的流转与延续，它永远在此，永不会改变。在此，关于爱的对话的品格被提升了，它不仅关涉每一个个体，也关涉人类。

八

当然，阿尔基弼亚德闯进来，把这种品格又拉到凡间的世俗中去了，柏拉图让读者又回到了饮宴。我们学习的过程中也常常遇见这种情况，有时我们刚想超越，世俗或者凡人的凡性就又把我们拉回到一个会饮的场景中了。柏拉图真是把这一点写得活灵活现。

下面是狄欧蒂玛关于爱作为生育活动的陈词，其中包含了身体的生育与灵魂的生育，这也就是我们说的诗的创制，或者是明智的传续等等。当然，这还包括美本身，由美而产生美的本相。因对美的希求而进行的创造仅仅是一种技艺，而从本相而来的创制就处于一种柏拉图主义的理念之下了。具有类型意义的美者就是我们所说的"相""理念"（*eidos*），而 *eidos* 的本意是"看"。哲学就是一种观看的活动。苏格拉底在这里论证的是，我们先要从对于形体本身的观看找到美感，然后再把这种美感安顿在灵魂当中。如果有了知识、有了智慧、有了明智，就能随着这种安顿到达本相之本身。从看的活动来讲，它本身的自足性包含在 idea 当中——idea 和 *eidos* 是等同的。后来的亚里士多德认为思想任何一种对象，都是在形式下的认知和规定。其实，苏格拉底关于爱的定义以及相关的定义的修正都是在讨论爱的形式究竟是什么。我们知道，爱的形式就是一种通过生育的活动达及的不朽，而这种不朽在一个短暂的生命当中就应由智慧去规定。

　　他不复卑微琐屑，而是放眼美的汪洋大海，高瞻远瞩，孕育着各种华美的言辞和庄严的思想，在爱智的事业上大获丰收，大大加强，大大完善，发现了这

样一种唯一的知识，以美为对象的知识。(210D)

在朱光潜先生对柏拉图著作的翻译中，有一句话讲得非常好，他说最高的美只有在哲学的高度才能被看到。这类似于狄欧蒂玛在这里所讲的，放眼美的汪洋大海，在爱智的事业上大获丰收。

一个人如果一直接受爱的教育，按照这样的次序一一观察各种美的东西，直到这门爱的学问的结尾，就会突然发现一种无比奇妙的美者，即美本身。(210E)

我们通过包含至善的自足的爱去活动，最后达到至善本身，它不在任何地方，只在我们自己身上。我们从美的形体到美的行动，再从美的行动到美的知识，最后从各种知识到达美本身，这就是超越，而我们伴随这种超越，自然就拥有爱的深度。

我之所以说《会饮篇》苏格拉底的话中谈到的自足性这个理念是专门批评阿里斯多潘这个角色的，是因为有这样的句子："苏格拉底说完之后，大家纷纷称赞，只有阿里斯多潘想辩几句，因为苏格拉底提到了他本人说的话。"(212C) 可是，他还没有辩驳的机会，《会饮篇》就在最后描写了一个年轻人闯进宴会，也就是阿尔基弼亚德。其实每一个人都具有欲望或者对形体美的冲动，不同之处在于不同的人的处理方式不同。阿尔基弼亚德的闯入和他对大家所说的话，使得苏格拉底成为一个忠实于他自己对爱所作的定义的现实形象，这是哲学家的形象，也是苏格拉底与他人的不同之处。

这篇对话的最后一段我觉得写得非常美。最后结尾说：当时夜很长，大家都睡着了，只有阿伽通、阿里斯多潘和苏格拉底还是醒的，用一个大杯子从左传到右喝着酒，苏格拉底和他俩谈论着，后来阿里斯多潘先睡着，到大天亮的时候阿伽通也睡着了。大家看到会饮就慢慢结束了，喜剧的荣光和悲剧的荣光都褪去了，也就是诗的创作的不朽性已经渐渐地在古希腊的舞台当中退场了。但在这里还有苏格拉底的一个背影。苏格拉底在这两个人睡着后就站起来走了，还是按照惯例，由阿里斯多兑谟陪着离开，因为他是由阿里斯多兑谟陪着来的。智慧的背影或者哲学的背影，是余韵或留白。苏格拉底本人代表了智慧美的不朽性，而这种不朽是在喜剧与悲剧的诗性荣光退场后仍然存留的依稀可见的理想。年轻人聚集在一起学习哲学，就是在学习什么是美，什么是爱，如何通过爱去达到美本身以及对美本身寄予的一种理想。我想，这就是苏格拉底留给我们的背影。

伦勃朗《沉思中的哲学家》

让一切事物的终和始，

合而为一，密切地相连！

超过客观事物的本体，

更快地飞过你的身边！

感谢缪斯女神的恩宠，

答应给你不灭的东西：

你的胸中拥有的内容，

你的精神发挥的形式。

——选自歌德《无常中的永续》一诗

致　谢

　　兰州大学哲学系是有美学传统的，她的美学传统是高尔泰先生开创并留下来的。陈春文老师在我上本科一年级的时候给我们教"哲学导论"课程，曾提及他在上本科时，高尔泰先生为他们讲授该课程时的丰采。如今，我在这方讲台上也有十余载了，每每想起陈老师为我们授课时的殷殷话语，也仰慕高尔泰先生那样的大家，想做到如同他们一样守护哲学之美。

　　笛卡尔曾说，创造并不比守护更难。托尔斯泰也说，我们太忠实于守护圣火了，因而不去仿效商人。记得我刚到兰大哲学系工作那天，陈老师把我带到了"哲学导论"的课堂上，向青年学子介绍我，学生们鼓掌欢迎我的到来。那是陈老师要把这门课的火炬传到我手里。我接过它以后，学生们的掌声经年未绝，使我更加热爱哲学。有时候讲到尽兴的地方，眼前只有一片白光，似乎连在座的学生们都消失了，只有我和哲学，我在向她吐露衷曲。从事中国哲学研究的同事开玩笑说，那是入定了，其实，中国哲学所讲心性之学，其"性"字所表达的就是这种感受。

　　我本科毕业论文的指导老师就是陈春文先生，答辩那天，他对我说："你这样走下去，将来会成哲学家！"至今想起这句话，我还是诚惶诚恐。我天分不足，只不过是爱哲学，老师的话是让我见贤思齐，把历史上那些伟大的哲学家们常放在心里。我能做的，是让青年人也看到哲学的美，分享给他们。

陈老师对我很宽容。有一次同事和我聊天说："陈老师提起你，说你什么都好，就是太耿介。"我开玩笑说："他那么狷介的人，还嫌我耿介。"陈老师不论是在课堂上，还是写书做翻译，在语言文字上都比我更有诗意，更有力，是我学不到的。我现在年纪长了些，再读起他的书来，比学生时期明白得更多，心里的敬佩也更多。

据说我的博士学位论文答辩前夕，指导老师王庆节先生与陈老师打了一通两个多小时的电话，商讨我的前程。王老师对我要求严，不像陈老师对我要求松，但我的学问就是在这一松一严中成形的，两位先生的教诲对我都非常重要。王老师教会我用简洁干净的语言表达哲学，而且还要把深刻的哲学表达得即使学术圈外的普通人也能理解。博士班的同学和学长都说我改变了王老师，因为他对其他学生并不这么严。我知道，这是王老师对我的爱护。其实没去香港之前，早在读本科时，我就见过王老师了。他来兰大参加学术会议，会上我向一位专家提问题，那时青涩，表达啰唆，那位专家打断了我的提问，王老师随后站起来说："我来帮这位学弟把问题推进……"事隔多年，王老师肯定不记得这个场景了，而我这辈子是忘不掉的。

我写这本书的目的就是感谢两位先生对我的栽培，虽然我没能达到老师们的期望，但尽己所能，忠实于人文学科的坚韧，和青年人一道，沉淀哲学书写。

本书成书过程中，我的学生卞崇宇、张家宁、李彧贤、刘萱淇也帮忙做了许多工作，谨致谢意。古希腊人认为净化灵魂的方法有三种，分别是体育、音乐和哲学。这几位青年人热爱运动，喜欢音乐，对哲学也满怀热忱，合我本意，无任欣慰。另外，还有我的学生何彦昊，终日不违，有了独立思想的能力，和他交流，往往也能推进我的思考，本书第一讲开卷的那个问题，就是他向我提问的。

做哲学教师是幸福的，希望身在哲学中的师生都能够享受幸福。

2024 年 4 月 2 日于达在堂

图书在版编目（CIP）数据

哲学指津 / 仲辉著 . --北京：社会科学文献出版
社，2024.11. --ISBN 978-7-5228-4440-4

Ⅰ. B-49

中国国家版本馆 CIP 数据核字第 2024QX1939 号

哲学指津

著　　者 / 仲　辉

出 版 人 / 冀祥德
责任编辑 / 胡百涛
责任印制 / 王京美

出　　版 / 社会科学文献出版社·人文分社 （010）59367215
　　　　　地址：北京市北三环中路甲 29 号院华龙大厦　邮编：100029
　　　　　网址：www. ssap. com. cn
发　　行 / 社会科学文献出版社 （010）59367028
印　　装 / 三河市东方印刷有限公司

规　　格 / 开　本：889mm×1194mm　1/32
　　　　　印　张：10.625　字　数：208 千字
版　　次 / 2024 年 11 月第 1 版　2024 年 11 月第 1 次印刷
书　　号 / ISBN 978-7-5228-4440-4
定　　价 / 78.00 元

读者服务电话：4008918866